小学教育专业建设研究与实践

纪国和 杨晓丽·著

中国财经出版传媒集团
经济科学出版社
Economic Science Press

图书在版编目（CIP）数据

小学教育专业建设研究与实践/纪国和，杨晓丽著．—北京：经济科学出版社，2018.6
ISBN 978 – 7 – 5141 – 9500 – 2

Ⅰ.①小… Ⅱ.①纪…②杨… Ⅲ.①小学教育－教育研究 Ⅳ.①G622.0

中国版本图书馆 CIP 数据核字（2018）第 150949 号

责任编辑：李　雪　张庆杰
责任校对：曹育伟
责任印制：邱　天

小学教育专业建设研究与实践
纪国和　杨晓丽　著
经济科学出版社出版、发行　新华书店经销
社址：北京市海淀区阜成路甲 28 号　邮编：100142
总编部电话：010 – 88191217　发行部电话：010 – 88191522
网址：www.esp.com.cn
电子邮件：esp@esp.com.cn
天猫网店：经济科学出版社旗舰店
网址：http://jjkxcbs.tmall.com
固安华明印业有限公司印装
710×1000　16 开　11.25 印张　220000 字
2018 年 6 月第 1 版　2018 年 6 月第 1 次印刷
ISBN 978 – 7 – 5141 – 9500 – 2　定价：46.00 元
（图书出现印装问题，本社负责调换．电话：010 – 88191510）
（版权所有　侵权必究　打击盗版　举报热线：010 – 88191661
QQ：2242791300　营销中心电话：010 – 88191537
电子邮箱：dbts@esp.com.cn）

前　言

真实的小学教育实践是小学教育理论研究的"源头活水"。走进小学，研究小学，服务小学，既是小学教育专业履行大学职能的体现，也是小学教育专业建设的动力与重要资源所在。我国的小学教育，在社会变迁的大背景下，受教育新理念的影响，尤其是新课程改革的推动，无论在观念层面，还是在操作层面都发生了很大变化，积累了丰富的实践经验，需要小学教育理论工作者深入其中，予以挖掘、提炼，使之服务于小学教育专业建设。同时，我们必须关注当代小学教育面临的诸多新问题与新挑战，这既是当代小学教育发展的困惑与动力所在，也是小学教育专业建设的重要课题与主要内容。吉林师范大学是我国较早开设小学教育本科专业的高等院校，在建设该专业近20年的历程中，既积累了丰富的经验，也取得了丰硕的成果。本书是在总结和概括这些经验与成果的基础上撰写而成的。本书在不同程度上论述小学教育专业未来发展的方向与目标：即进一步拓宽专业建设内涵，适度充实专业方向；根据实际需要，进一步调整专业培养目标；根据培养目标的定位，进一步优化课程结构及课程内容；依据学科发展适时修订或重新制订各学科教学大纲；充分发挥相对稳定和开放相结合的师资队伍的整体效应；探讨全新的小学教育专业的建设与管理机制；在研究层面推进教育教学改革，进一步深化小学教育专业建设。

全书由三编组成：第一编小学教师的专业发展，主要探讨小学教师专业发展的理论，介绍小学教师专业发展的现状调查，这是小学教师培养的现实依据。第二编小学教育专业的课程改革，这是小学教师职前培养的关键要素之一。第三编小学教育专业的建设探索，主要是关于培养过程、职业技能、教学知识方面的思考与认识，这是小学教师职前培养的坚实基础。

本书在写作过程中，参阅了学术同仁相关的文献资料，在此一并致以诚挚的谢意！同时，这些论文有一定的时间跨度，是特定的话语环境和时代主题的产物，不可避免地具有一定的思想和历史局限性，敬请大家批评指正！

纪国和　杨晓丽
于吉林师范大学
2018 年 3 月

目 录

第一编 小学教师的专业发展

教师教育专业化的内涵与实施策略 …………………………………… 3
教师职业生涯规划与教师专业发展 …………………………………… 8
关于教师专业自主权的认识和思考 …………………………………… 12
有关教师职业道德的理性思考 ………………………………………… 18
教师专业标准与教师专业发展关系探析 ……………………………… 22
吉林省农村小学教师专业发展现状调查研究 ………………………… 25
专业标准背景下小学教师专业发展调查及对策研究
　　——以吉林省梨树县为例 ………………………………………… 41
小学教师职业压力与职业承诺的关系
　　——以吉林省白城市为例 ………………………………………… 49
特岗教师发展现状的调查及问题分析
　　——以吉林省梨树县为例 ………………………………………… 52
新课标理念下小学英语教师应具备的素养 …………………………… 66
《语文课程标准》视野下小学语文教师应具备的素养 ……………… 70
《数学课程标准》视野下小学数学教师应具备的素养 ……………… 74
新课程视野下教师教学技能的新取向 ………………………………… 78

第二编 小学教育专业的课程改革

地方高师院校教师教育课程改革的探索 ……………………………… 85
对小学教育专业本科教材建设的思考 ………………………………… 90
课程模式与教学模式的关系 …………………………………………… 96

小学教育专业本科教育类课程设置及实施策略……………………102
课程实施中学习方式变革的现状与反思……………………………109
小学教育专业课程设置与基础教育改革协调发展研究……………115
教师教育类课程设置：性质、现状、问题与对策…………………120
整合中文类课程：提高小学教育专业本科学生的语文素养………124
整合数学类课程：提高小学教育专业本科学生的数学素养………127

第三编　小学教育专业建设的探索

小学卓越教师职前培养的研究与思考………………………………133
小学全科型教师职前培养过程中的矛盾分析………………………139
本科学历小学教育专业的新发展……………………………………144
新课改小学教育专业的建设及发展趋势……………………………150
高师小学教育特色专业建设的研究与实践…………………………156

参考文献……………………………………………………………163
附录　基础教育课程改革纲要（试行）……………………166

第一编　小学教师的专业发展

小学教师的专业发展，首先是专业精神的发展。专业精神是教师对成为一名优秀的教育教学工作者的向往与追求，具有专业精神的教师在教书育人过程中能够保持持久的认同感和期待感。专业精神由职业的理解与认识、对学生的态度、教育教学的态度和个人修养构成。专业知识素养包括学科性知识素养、条件性知识素养和整合性知识素养。其次是专业能力的发展。专业能力是教师在已有知识经验的基础上，通过实践和反思形成的能顺利完成教学任务的一系列教学行为和心智活动方式。《小学教师专业标准》从教育与教学的设计、组织与实施、激励与评价、沟通与合作、反思与发展五个领域对专业能力发展提出了要求。对于教师而言，还须重视研究素养和信息素养。研究素养要求教师具有科研意识和科研能力，在教育教学实践中发现问题、分析问题和解决问题。信息素养包括信息认知和运用能力，即对信息、信息社会、教育信息化的认识以及实际操作运用能力。再其次是专业智慧的发展。专业智慧体现为教师在教育教学实践活动中能够充分运用专业知识和专业能力，在不同的教育情境中，根据不同的教育问题而形成的教育教学方法。这种专业智慧是教师经过实践活动总结积累的特殊性知识，具有个体性的特征。

教师的专业成长具有动态性和发展性，处在不同发展阶段的教师，在不同领域会有不同程度和水平的发展。教师专业素养结构的发展与更新也要适应课程改革理念、人才培养目标、课程设计、教师队伍建设等变化与革新。

教师教育专业化的内涵与实施策略

加强教师教育工作，提升教师教育质量，是实现教育健康有序发展的关键。在新的社会政治、文化、经济条件下，研究并花大力气抓好教师教育工作，是实施"科教兴国"战略的基础性工程，是贯彻科学发展观、促进人的全面发展的重要举措，是新时期构建和谐社会的必然要求。教育质量的高低关键取决于教师队伍的整体素质。面对21世纪科技迅猛发展、综合国力竞争加剧的状况，世界各国采取的一项共同的战略措施，是建立一支高素质的教师队伍。2002年9月8日，江泽民同志在庆祝北京师范大学建校一百周年大会上强调："要进一步建立和完善适应我国教育发展需要的、开放灵活的教师教育体系，努力造就一支献身教育事业的高水平的教师队伍"。① 这个讲话为实现我国教师教育创新，建构新型教师教育体系指明了方向。

一、教师教育专业化是教师专业化的有效载体

"教师教育"已成为新世纪教育领域的主流话语。面对教师教育的转型，地方新建本科院校作为区域性大学应该承担起它的使命，以教育引领学生发展，以教育促进社会进步。同时，随着教师专业化时代的到来，教师应当在实践中学会反思，在反思中不断实践；并且学会合作，在合作中确立自己的专业地位。教师专业化呼唤着教师教育专业化的到来。近年来，随着我国经济社会不断进步和教育改革的不断深入，对教师专业化的要求越来越高，传统教师教育模式中学科知识与教育教学知识之间的冲突迭起，迫切需要教师教育模式从过去的学历教育转变为在较高学历教育基础上的资格证书教育，突出教师教育的资格性与职业性，不断提高教师的专业化水平。就是说，教师专业化愈来愈依赖于教师教育专业化。没有教师教育专业化，就没有教师专业化。

《国务院关于基础教育改革与发展的决定》提出了"教师教育"的概念，"教

---

① 江泽民：《在庆祝北京师范大学建校一百周年大会上的讲话》，http：//news.sohu.com/50/67/news203066750.shtml。

师教育"是对教师培养和培训的统称。过去的"师范教育"也是包括对教师培养和培训两个部分,但是长期以来,培养和培训相对分离,相互沟通不够,因此容易被人误会"师范教育"仅是指对教师的职前培养。现在的"教师教育"就是在终身教育思想指导下,按照教师专业发展的不同阶段,对教师职前培养、入职培训和在职研修通盘考虑,整体设计,体现了对教师的教育是连续的、可发展的、一体化的。所谓教师教育专业化是指在素质教育和终身教育思想的指导下,以促进教师专业化发展为基础,根据教师职业自身独特职业要求和职业条件,采取相应的教育管理体制和措施,实现学科专业发展和教育专业发展的过程。

那么,怎样去诠释教师教育专业化的内涵呢?笔者认为,可以从以下几方面去理解:一是传授高深的专业知识。教师专业需要所教专业的高深知识,有丰厚的知识底蕴方能厚积薄发;二是训练教育教学技能。教师专业要求教师具有教育教学技术,以及对教育教学实践进行分析、评价、判断和反思的能力,既要知道"教什么",更要知道"怎样教";三是重视教育科研能力的培养。科研兴教是教育决策科学化的根本保证,是提高教育质量、推动教育和教学改革的关键,也是学校持续发展的第一生产力。以教育科研为先导,坚持"科研兴教"是现代教师教育专业化的必然选择;四是加强教师专业伦理的建构。转变教师"外赋"而非"内生"的传统师德,促使教师的敬业爱生、乐于奉献的精神具有主体内发性;五是重塑教师的生命观。教育关注生命的价值,不仅仅是对学生,也包括教师。教师是滋润学生的源泉,教师在给予学生幸福的同时,也要创造自己的幸福。教师不能只讲奉献,也要获得个性的张扬,在成就别人的同时成就自己,才有可能给予学生幸福,这样才能体现教育的真谛;六是重视教师专业发展意识的培养。"发展"是一个可持续的概念,教师专业发展是一个永恒的话题。通过采取教师职业生涯规划、教师校本培训、发展性教学评价等行动研究策略,不仅可以提高教师的专业素养、教育教学技能和教学反思能力,更有助于学生的发展;七是设立专门的教育机构和教育流程。教师教育专业化需要教师教育机构专门化,并建立层次齐全的学历、学位和教师资格证书教育流程,实现学历证书与资格证书教育一体化系统机制;[1]八是国家有对教师资格和教师教育机构的认证制度和管理制度。促使教师教育有章可循、有法可依,实现教师教育的法定监督机制。

二、我国教师教育专业化的现状

教师教育是我国教育的重要组成部分,是基础教育师资来源和质量的重要保证。通过教师教育能够促进教师专业发展,提高教师专业化水平,加快教师专业化的进程,教师专业化的形成和发展都要依赖于教师教育,因此,教师教育专业化是教师专业化的保证。目前,我国在应对教育改革、促进教师专业化、提高教育质量的挑战中存在明显的不足：

1. 职前培养与职后培训相脱离

这表现在统一的师范教育体系中，分职前培养和在职进修两个方面，相互隔离、互不沟通。首先，目前师范院校在教师培养中普遍实行的模式和制度具有许多弊端。例如，学生获得师范院校中师范专业的毕业证书，取得了教师的资格，教师教育即宣告"终结"，以后的培训则被看作是无足轻重的。而且，现在许多师范院校的改革，包括在教师培养和教育模式上的改革，也基本上没有跳出这种传统的教师培养制度的窠臼。它们与教师的继续教育和培训在一定程度上是脱节的，没有能够在整体上实现教师教育和培养的职前与在职一体化。其次，由于诸多因素影响，我国教师的在职培训远不如职前培养那样规范和系统，教师教育的"两条腿"总是存在一条粗一条细的现象。

2. 教师教育中知识体系完整性的缺失制约教师教育的发展

教师具有双专业的特征，既要有深厚的学术根底、广阔的学术视野，又要通晓教育科学知识，了解教育规律、掌握教学技能。现阶段，我国大部分中小学教师普遍欠缺教育专业理论知识，专业学术水平明显不足，与专业化的要求相差甚远。这是因为师范教育重视学科教学，而对教育专业课程的改革力度不大，导致教育专业课程的教材陈旧、教学观念落后、方法单一，致使师范生的职业适应性很差。而教师在职期间的教育仍然停留于形式主义。职前教师教育只是为教师专业素质打下一些基础，要想提高教师的教育专业化水平，必须依靠在职阶段不断学习实践、不断反思创新。现实中，教师的在职培训对教育研究的前沿动态关注不够，对最新研究成果的应用不足。

3. 教师教育淡漠教师自身的生命价值

教育的作用，不仅应该使学生，也应该使教师感受自身生命存在的美好，体悟教育对人的情感关怀。在传统的观念中，我们总是将教师比喻为蜡烛，燃烧了自己，照亮了别人，仿佛教师本应该就是无欲无求、无私奉献的，甚至于牺牲自己也是应该的。如今，我们在教师教育时也是以这样的标准要求教师的，却忘记了教师其实也是普通的人，是有情感、有思想、有个性、有独特需要的人。远离了精神成长的愉悦与心灵内在欢乐的教师教育，带给了教师沉重的压力，这不仅是教师的悲哀，也是学生的悲哀。

三、我国教师教育专业化的现实策略

以上的浅析，可以看出我国教师专业化的任务比较严峻。应从改革教师教育入

手，采取切实措施，加快我国教师专业化的进程。

1. 改革教育制度：促进教师教育一体化

所谓教师教育一体化，是指把教师的职前培养和职后培训的渠道融为一体，使教师教育在统一的教育机构中实现整体规划和全面实施。教师教育建立一体化的运行机制，这是世界教师教育发展的潮流，也是教师可持续发展和教育可持续发展的必然要求。一体化包括3层意思：一是职前培养、入职教育、职后提高的一体化，即学历教育与非学历教育一体化；二是中小学幼儿教师教育一体化；三是教学研究与教学实践的一体化，即师范大学与中小学的伙伴关系。[2]

我国在世纪之交，提出了健全、完善培养和培训相沟通的教师教育体系改革与发展目标，要求大多数高师院校在致力于培养新师资的同时，也参与新教师见习期的培训和在职教师的继续教育；教育学院和其他教师进修院校（包括师资培训中心等机构），于大力开展在职教师学历教育和继续教育的同时，也参与少量新师资的职前培养工作。而有机地统合教师教育三阶段的全部过程，实现"教师教育一体化"的改革目标，必须选择切合实际的统合模式和方案。当前，我国教师教育一体化的实际运作模式主要有两种：

一是合并模式，即普通高师与教育学院实质性合并。合并以后，职前培养任务与在职培训工作完全统合由一个机构来操办，力量较强的普通高师可弥补教育学院的不足，而接触中小学实际较多、较深的教育学院则可以弥补普通高师联系实际方面的不足，从而加强教师培养和培训工作的整体实力，提高新师资和在职教师队伍的质量水平。

二是联合模式，即普通高师与教育学院松散联合。在联合模式中，教育学院与普通高师保持着各自的独立性，相互之间既有合作又有分工，同时还存在着比较和竞争，有利于发挥各校积极性，提高师资培训质量，更有利于进一步拓宽在职教师进修渠道。同时，由于联合模式中实行教师互聘、资源共享等政策，同样也提高了规模效益的目标。

教师教育必须从实际出发，全力促进我国教育的发展，坚持连续性原则和一体化原则。教师教育的专业化必须建立在开放的教师教育体系基础上，加快教师教育一体化进程，使教师学历教育与能力教育相辅相成，教学理论研究与实践完美结合，广泛吸收非师范教育资源，形成多样化的教师培养体系，并将各种培训形式落到实处，使之真正起到培训的作用，实现我国教师教育的可持续发展。

2. 改革教师教育的课程设置结构

我国的教师教育课程结构与国外基本相同，只是各类课程的比重与国外不同。发达国家的实践证明，只有开放的培养模式和课程才能适应基础教育和职业教育发展的需要，为基础教育和职业技术教育提供合格的乃至优秀的专业化教师。在教师职前培养的课程中，应该加重教育科学课程的比重，在巩固学科专业知识与技能课程的同时，开设培养教师教育教学技能的课程，如多元智能在基础教育中的应用、教学评价理论与基础课程改革实践结合、现代教育技术应用于教育教学实践研究等等，突出教师专业的发展性、综合性。根据不同阶段教师的需求层次的不同，确定培养目标，制定各类课程的基本结构，提高教师教育师的专业化水平。教师教育更要多一些创造力的培养，使教师在融合学科知识和教育知识的同时体现个性化。[3]

3. 关注教师生命价值的实现

我们的教师教育，首先便是要关注教师的生命世界，走进教师的生命世界，满足教师生命成长的需要，还教师以本真生活。从而使教师通过对自己、对学生、对人的生命的尊重，达到对人的完整的追求！教师教育应该从自上而下的灌输转向平等的对话，为教师的发展和完善创造良好的气氛与宽松的环境，关注教师的实践，重视教师的个体经验，了解教师的职业情感、激发教师的学习热情。无论是职前或者在职教育，都不能把教师当作"白板"，而是必须考虑其先前观念的存在，尊重教师的需要，不要把教师当作"完人"来要求，引导教师关注自我的生命价值，提高自我教育能力。教师将不再是蜡烛，而是太阳，在给学生光热的同时也照亮自己，在成就别人的同时也成就自己。

4. 创新教师教育培养模式

我国现行的教师教育模式已不能适应经济社会的发展。所以，必须从创新上找答案，从创新上谋发展。笔者认为，我国的教师教育可以尝试以下几种模式：3＋2、2＋2、3＋1、教育硕士。(1) 本科"3＋2"式。这种模式指教育学院或教育系招收其他学科专业专科毕业的学生或在职教师，为其提供2年的教育学科专业课程，毕业时可获得教育学士学位；(2) 本科"3＋1"或"2＋2"式。学生入学后到各专业院系接受2年或3年的普通文化课程和学科专业课程的教育，然后到教育学院或教育系接受1年或2年的教育学科专业课程的教育，毕业后获得教育学士学位；(3) "4＋1"或"4＋2"教育硕士。教育学院或教育系招收本科毕业并具有学士学位的应届毕业生或往届毕业生，为其提供1年或2年的教育学科专业课程，学生毕业可获得教育硕士学位。

在我国教师教育和教师队伍建设进入一个历史性转变的关键时期，改革发展任务繁重。我们要充分认识教师教育改革发展和教师队伍建设的战略意义，认真学习和贯彻落实科学发展观，以教师专业化为导向，实现新时期教师教育的战略性转变，努力造就一支高素质的教师队伍，为教育事业新的发展做出更大的贡献。

教师职业生涯规划与教师专业发展

一、教师职业生涯规划与教师专业发展的概念

"教师职业生涯规划是指通过教师的工作及专业发展的设计,协调教师个人内在需求和学校长远目标需求,实现个人和学校的共同成长和发展。"①

"教师专业化指教师在整个专业生涯中,依托专业组织,通过终身专业训练,习得教育专业知识技能,实施专业自主、表现专业道德,逐步提高自身从教素质,成为一位良好的教育专业工作者的专业成长过程,也就是一个人从'普通人'变为'教育者'的专业发展过程。"②

教师职业生涯规划是对整个教师职业从开始到结束的有目的性的活动,做出一般性计划的活动,通过对各种因素进行分析,进而确定事业发展目标,并设计相应的行动计划的活动过程,同时也是对有关教师职业发展的各个方面进行的设想和规划,是一种广泛的规划。从教师专业化定义上看,也是一种规划,但是这种规划更详细,更具体,具有明确的目的性,是一般到特殊的发展历程,使教育者不断地更新知识,逐渐成熟起来。教师要成为一个成熟的专业人员,需要通过不断的学习与规划,拓展其专业内容,提高专业水平,从而达到专业成熟的境界。两者都是一种认识,一种奋斗的过程。

二、注重教师职业生涯规划与教师专业发展的结合

1. 适应终身教育思想需要

自 20 世纪 60 年代以来,终身教育作为一种最有影响力的教育思潮引起世界各国的注意,从东方到西方,从发达国家到发展中国家,被不同的社会制度欣然接

---

① 安蓉、王梅:《教师职业发展的特点与职业生涯规划的原则》,载《职业教育研究》2007 年第 4 期。
② 余文森、连榕:《教师专业发展》,福建教育出版社 2007 年版。

受，不同学派的教育学都开始探讨这个问题，终身教育的概念也不断在发展，其理念已经渗透到各个行业中，特别教师职业，是受教育者人生的第二阶段，塑造人格，发展个性，使其个人潜在的才能和能力得到充分的发展，这就要求教育者的知识要不断地丰富、更新，需要教师不断地学习，革新教学方法、教学技能。

2. 教师主体成长的需要

教师职业生涯规划和教师专业发展的结合促使教师个体自身发展的需要，使其身心和谐完善，在当代，教育改革的深化，教育现代化步伐的加快，使广大教师面临新的挑战。对教师来说，必须充分重视教师的自身教育问题，结合教师教学实际情况进行学习，使自身的知识不断更新、专业水平不断提高。只有这样，才能适应现代教育的需要，才能适应时代的发展。丰富自己专业知识的同时，加强教师的人格培养同其他专业的联系，要用全方位的视角去观察和分析问题，所以教师要联系实际，从生活中和联系中找出问题，解决问题，提高教师职业素质，教育精神。

3. 明确目标，切入实际

作为新时代的教师，树立远大的理想和明确的目标，对其自身发展具有一定的规划作用，对教师职业生涯规划和教师专业发展的结合起到指导作用。制定目标可以使教师能够意识到自己的优点和缺点，要树立近期目标，短期目标，长期目标。在实现目标的过程中，教师就可以知道教师需要掌握什么样的知识和技能才能够促进学生的学习。

4. 促进学校管理理念的形成

管理理念已经从单纯的监工似的学校管理模式转变为先进的、人性化的服务型管理模式。在新的理念中，学校管理者已不再是单纯的校长、领导，而是充当起指导者、合作伙伴、指挥员、协调员和监督员。有效地运用这种管理理念，适应教师职业生涯规划和教师专业发展过程中以教师、学生为本的思想，应该从学校负责人做起，学习新的教育理念，与众不同的管理形式，确定管理重点，坚持以人为本的思想。这样就会使教育政策有效地得到实施，教师有管理班级课堂的自由权、熟悉班级经营模式和精研沟通策略技术，以促进良性互动，开发学生的潜能。

5. 适合社会变革的迫切需求

社会变革所引起的教育改革已经到来，教育改革就是要教得得体、育得合宜、改得合理、革得具体。教师职业生涯规划和教师专业的发展通过对教师的培养，提高了劳动生产力。同时，教师是教育转变中的掌控者，间接地说，教师通过对受教育者的教育，使科学技术这种一般的生产力转化为现实生产力，是把潜在的能力开发应用到实际当中。教师要不断更新教育观念，适应以学生发展为本的新观念；适应教学的新要求；提高将知识、理论和信息技术有机整合的能力。跟得上时代变革的要求，促进社会进步。

6. 适应教育改革的发展

国家的振兴在于教育，教育的振兴在于教师，教师教育改革需要在体制、理论体系、培养模式、管理机制等多方面进行更为深入的研究与实践。这些问题在很大程度上影响和制约着教育改革的深化和人才培养目标的实现。

三、教师职业生涯规划与教师专业化发展关系

1. 教师职业生涯规划是教师专业发展的基础

教师职业生涯规划对教师的专业发展具有决定性的作用，教师专业的发展与成长，离不开教师职业生涯的规划，教师的专业发展使教师本身的专业素质和良好的品质得到提升，进而对学生有直接影响作用，对学校、家庭和社会有间接影响作用促使教师这一职业发展得到广大社会的认同，得到社会的支持。这都是在职业生涯规划的基础上进行的。

2. 教师专业发展反作用于教师职业生涯规划

综观职业生涯的进程与教师专业的发展进程，教师职业先于教师专业。由于职业的形成，才促使其专业化，教师的专业在整个教师职业生涯中应运而生，伴随着教师职业生涯的发展，使其发展变化，同时教师专业发展对教师职业生的规划有一定的制约作用。由于教师专业发展，使教师具备丰富的知识，教师的入教年龄伴随现代社会的发展也在向后延迟，从某种意义上说，教师专业发展使教师的职业生涯向后延期，这样能够使教师与学生双重受益，丰富了受教育者的知识，教育者也享受了教育的快乐之道，教育年限从整体上向后延续。

3. 教师职业生涯规划与教师专业发展是一种相对同化的过程

教师的职业生涯与教师专业的发展，在某种程度上应该说是相对同化的过程。学校的诞生，使教师成为一门职业。现代的教育工作者承担的不仅仅是传道、授业、解惑，他们更是在成为"经师"的基础上要成为"人师"。这就要求教师对自己职业进行详细的规划，外界因素的制约以及自身因素的发展，对其都具有十分重要的作用。在辩证法的角度来看，自身因素的成长与外界因素的制约是对矛盾体，相互制约，相互成长，相辅相成，从而促进教师职业的发展。他们彼此相互吸引，

扬长避短，不断更新内容结构。不同时期，不同环境造就不同因素的成长与衰退，如何有效地克服与利用这些因素，将会使教师这一职业更加完善，更具有专业性。

4. 教师职业生涯规划和教师专业发展是不可分割的统一体

教师这一职业是伴随学校的形成而诞生的，教师职业生涯规划与教师专业发展是随着教师适应时代要求而变化的，他们是在相互包容的教师职业中体现教师专业的特点，在教师专业中展现教师职业的特殊性，他们都是为了同一个目标，在实现这些目标的过程中表现出各自的特色。有了教师职业生涯的规划才对教师有专业的要求，缺少教师的专业发展，职业生涯是空谈，彼此之间具有相互吸引的特性，谁也离不开谁。如果我们从整体来看，他们共同的目标就是教师职业更加正规，教师更加具有专业性，能够更好地服务于学生。

教师专业发展使教师不断成长、不断接受新知识、提高专业能力的过程。在这一过程中，教师应通过不断的学习、反思和探究来拓宽其专业内涵、提高专业水平，从而达至专业成熟的境界。教师专业发展强调教师的终身学习和终身成长，是职前培养、在职培训直至职业终结。教师专业发展与教师职业生涯是共生共存的过程，是教育改革的集中体现，适应了时代的要求。

关于教师专业自主权的认识和思考

我国第八次基础教育课程改革正向纵深方向发展，处于攻坚阶段。课程改革给教育界带来的最大的挑战莫过于对教师的挑战，有人断言课程改革的成败归根结底取决于教师。[1]此时，教师就扮演了神圣而不可推诿的历史角色。完成使命的最好途径就是教师专业化进程的推进。教师作为一种专业尽管已成为大多数人们的共识，但在教育教学的实际运作中仍步履维艰，教师的专业自主权得不到回归，专业自主的呼声依然薄弱，教师仍是科层管理的"附庸"，处处受到牵制与约束。没有专业自主权就不可能有教师的专业发展，没有教师的专业发展，教育改革就会陷入被动与茫然。同时，教师专业自主权并不是拥有无限的权阈，而是在一定条件下的专业自主。面对错综复杂的教育现实，广大的中小学教师应认清自己的权利与权限，合理地利用应得的权利，不断地提高综合素质，超越权限以便更积极地投入到教育教学改革和实践中去，为我国的教育发展献策献力。

一、教师专业自主权内涵展现

专业（profession）指具有高度专门技能而有别于其他职业特殊性质而言，其目的是提供专门性质的服务。而自主（autonomy）乃是独立自主和自我导向的性质或态度，是一种个人或团体的自由。专业与自主是互为一体不可分割的。自主必须以专业为基础，而专业必须通过自主来实现。专业自主权是专业人员能够决定工作方式，主动参与重要决定的基本权力，他们的工作是由专业人员来评定，专业人员能依照自己的专业知识做最佳判断，所判断不受外力影响。专业自主权又可分为专业人员自主权和专业团体自主权。专业自主权应视为一个专业团体的专业人员有为人们所认可的权利与义务和自行决定及处理具有非常专业性质的事物的权力。

教师既然是专业人员就应该享有专业自主权。教师专业自主权即指教师在其专业的规范内，依其专业智能，对其教学、学校或组织的决策与任务，享有专业判断及自由执行，不受他人或非教师他人或非教师成员的干预的基本权力。其主要内涵应包括教育教学自主权，学术研究自主权，参与决策自主权和专业发展自主权。教育教学自主权指在课程选定与创新,教学的设计与安排(改革与实验),课外活动的组织与实施,学生的考核与评定等方面的教师自由决策的权力。学术研究自主权指教师除了教育教学以外,应该有自主开展学术研究,参加学术讨论,加入学术团体,发表专业言论和进行学术交流与合作的权力。参与决策权指教师有权参与学校重大问题的决策,包括学校整体规划,学校专业人员的评定,学校专业组织的建立等方面的自主权力。专业发展权指教师有权参与各种形式的教师进修、培训和专业学习等促进教师专业发展的各项活动的权力。上述几个方面的权限相互融合、相互促进共同作用形成教师专业自主权利的基本内容。

教师的专业自主权就其范围来讲包含专业人员自主权及专业团体自主权两个方面。就个人而言,主要表现在教师依其专业智能来从事教学有关的工作时能自由地做出决定,而不受他人干扰和控制。相对于组织和团体来说,指由教师所组成的专业团体,应有权规定会员的资格与职业的标准。具体说教师专业自主权还可从三个层面来做进一步的探讨。[3]一是从教师层面上,教师的专业自主权包括:订立教学目标、编选教材、采用教学方法、指导学生学习及进行评价。二是从学校的层面上,教师的专业自主权包括:参加教师进修、参与学校决策及参加学校教师组织。三是就教师的团体层面上,教师的专业自主权包括:参加教师组织,能建立教师聘任资格与聘约,订立教师伦理规范,改善教师工作条件与待遇,维护教师专业尊严等,这三个层面的专业权利涵盖了教师专业自主权利的主要方面。教师专业自主权是教师专业发展的核心。教师的专业进程最初是工会主义和专业主义强调教师的专业和社会地位的提升,订立严格规范的资格评定和任职制度的群体专业化,再到个人职业阶梯的上升和各种专业荣誉获得的教师个体被动专业化,最后实现内在素质的自我发展与提升的主动的专业化即是教师的专业发展(白益民,2001)。

二、教师专业自主权理论基础透析

教师专业自主权的赋予并不是空穴来风,它不仅有充分的法源基础,而且有巩固的专业基础,同时也有教育改革的迫切需要的动力基础。

1. 法源基础

教师专业自主权是我国教育法律法规赋予教师的神圣的权利。《中华人民共和国教师法》中明确规定了教师享有的权利有五点直接与教师的专业自主权有关,[4]即教师具有:进行教育教学活动,开展教育改革和改革试验的权利;从事科学研究,学术交流,参加专业学术团体,在学术活动中充分发表意见的权利;指导学生的学习和发展,评定学生的品行和学业成绩的权利;对学校教育教学、管理工作和教育行政部门的工作提出意见和建议,通过职工代表大会或者其他形式参与学校的民主管理的权利；参与进修或其他方式的培训的权利。在这些权利中教师有权根据自己的想法做出决定，而不受非教育部门的干涉和侵犯。教师专业自主权不是哪个部门的恩惠或赐予，而是法律规定的应有的权利。在现实中任何剥夺了教师自主权的行使，都是违背《教师法》的根本精神。任何权力的赋予只有在法律保障的前提下才能得到实现。

2. 专业基础

专业自主权是教师专业化的重要标志。教师专业化是专业自主权的必备条件，同时专业自主权也是教师专业标准的必然要求。缺乏专业化基础的专业自主权就会成为无本之木。1956 年利伯曼提出了专业的八条特征：[5] 范围明确，垄断的从事社会不可缺少的工作，运用高度的理智性技术；需要长期的专业训练，从业者无论是个人、集体均具有广泛的自律性，在专业自律的范围内，直接做出判断，采取行为的责任；形成综合性的自治组织，拥有应用方式具体化的伦理纲领。曾荣光于 1984 年综合了维伦斯基（Wilensky）和古德（Good）的研究提出了专业的七条核心特质和十条衍生特质认为，专业人员有控制专业的自主权。卡内基教学促进会主席舒尔曼在提出教师专业的标准内容时提出教师要有专业自主权。[6] 综合起来不难看出一种职业要被认可为专业不仅应有不可或缺的社会功能，而且还要有完善的专业理论和成熟的专业性能，高度的专业自主权和权威性的专业组织。其中专业自主权是促进专业发展的核心力量，只有专业自主权的回归才能保证专业人员的灵活自主的发展专业理论，提高专业技能和参加专业组织，才能创造性地完成专业任务。

3. 动力基础

基础教育课程改革应是教师专业自主权的回归教师的动力基础。基础教育课程改革的核心理念是树立以人为本的发展观，让学生身心和谐发展。要想真正实现这一目标，无疑重任就落在了广大的中小学教师肩上。基础教育课程改革的前提假设就是教师应该拥有较高的知识技能和高度的专业自主权，在教育教学的实践中能做出正确的决策。显然，如果教师再仅仅是知识的搬运工，课程的机械执行者和被动的模仿者，那么实现基础教育所要的培养学生的目标可能会是一句空话。以往课程改革的根本弊端就是教师没有专业自主权，处处受到牵制和约束。没有教师的专业自主权，教师也只能机械的传授知识；课程学科本位，科目过多和缺乏整合的现状也难以彻底的完成，教师作为课程建设者和开发者的专业角色将难以实现；学生主动参与、乐于探究、勤于动手的局面也不能落到实处；学生分析解决问题、交流与合作能力的培养也将成为空中楼阁。基础教育改革强烈呼吁应通过教师专业自主权的回归来提高教师的专业素质从而推动教师专业化进程。

三、教师专业自主权制约因素的阐释

从上面的分析，我们知道无论是法源基础，专业基础，还是改革的动力基础都需要教师拥有专业自主权，是教师应得的权利。那么有人说，教师既然有这样的权利，就应该有无限的权阈，可以在专业范围内任意驰骋，判断和决策一切事物。事实并非如此，广大的中小学教师之所以没能拥有专业自主权，是因为还有诸多的制约因素。

首先，从法律上来说，我国的法律法规在教师专业自主权的规定上，还是较模糊和笼统地叙述，没有可以执行的具体细节依据，对违背教师专业自主权的行为也没有厘清责任，教师的专业自主权很难得到保证。随着我国法制建设的逐渐完善，对违背教师专业自主权的行为将有明晰的惩罚依据，任何组织和个人如果践踏了教师的自主权都会受到法律的制裁，这时教师的专业的自主权就能够得到应有的保护，教师的专业自主权在实际的运作中才能真正得到体现。

其次，从专业上来说，虽然教师职业作为一个专业已被多数人认可，但这个专业必定还没有达到像律师、医生那样的专业地位，应该说随着专业进程的推进，教师专业自主权也将会逐渐地增加。目前我国中小学教师队伍的学历偏低，合格教师的数量不足，小学、初中、高中分别还有相当一部分未能达到合格学历。他们的专业知识和技能还不完善，致使不能很好地行使专业权利，这也是其他部门都可指示教育，干预教师行为的主要原因。

最后，从基础教育改革上来说，虽然基础教育改革呼吁要给予教师专业自主权，但必定改革本身就困难重重，当遇到抵制甚至落后思想的阻碍时，教师的专业自主权也很难真正落实。新课改革的成功与否取决于教师，如果没有教师的专业自主权，改革不知将走向何方。以往基础教育的课程改革按照惯例就是行政部门的事，每次改革都是以红头文件的形式来下达，教师就是机械的执行者。没有看到改革的长期性和曲折性，是一个逐渐的变化过程，并不是一蹴而就的事，任何急功近利的表现都将会失败。改革要赋予教师专业自主权，让教师在专业发展的基础上慢慢地推进课程的实施，只有这样才能保证基础教育课程改革的最终成功。

四、教师专业自主权的实现策略

虽然在教师专业发展的过程中困难重重，教师的专业自主权得不到应有的落实，但我们仍然要想方设法超越权限，实现专业自主权的最大化，保证教师能自如地从事教育教学活动和学生全面发展的实现。教师专业自主权的实现可从以下三个方面来阐述。

一是国家要为教师专业自主权的实现创造良好的外部环境。教育行政机关要制定终生学习的进修制度激励教师进修，落实终身学习的理念；要树立以学校为本位的管理，因地制宜，给予学校更多的专业自主空间，塑造优质的教与学的环境；制定教师聘约条件与准则，保障教师的权益；加强师资培训教育、强制在职教师进修、增进教学研究风气以提高教师的专业智能；学校行政要打破科层管理的严密体系，保证决策公开、公正、民主与尊重。承认专业观点，树立专业权，坚持行政服务教学的运作理念，加强学校行政人员与教师组织的沟通与协调，让行政与教师的力量能够相辅相成，强化教师与行政人员的情绪管理，建立学校的共同目标。同时国家应保证教师专业发展的制度化。有了良好的外部环境教师才能自由的从事自己的专业实践，实现教师专业自主权的回归和对教师专业自主权限的超越。

二是教师必须发挥个人的主观能动性，提高专业素养，从而为教师专业自主权的实现打下基础。作为教师个体必须不断地加强专业学习，提高专业技能，还应积极地加入专业组织，遵从专业道德和责任感，更好地进行专业服务，这些是行使专业自主权的前提条件。假如自己的专业技能不高，素质低，让你行使专业权利，那么你做出的决定也可能是错误的。因此不断地加强专业智能和专业态度的提高，是超越自主权限的根本。倘若专业团体中的成员没有专业决断的专业权利和责任感，专业就不会得到健康的发展，专业化的努力也可能会失败。为了超越权限，拥有自主权力和实现教师的专业发展，采取多种形式提高教师的专业素养是必需的。教师必须通过不断的主动进修学习来塑造专业形象，提升专业地位。教师要坚守职业道德，奖励优秀教师，罢免不称职教师，以维持专业形象，共负学校的成败责任和共享学校的发展的成果。只有这样才能为教师的专业自主权的实现创造良好的条件。

三是建立和健全专业组织并发挥其功能。专业组织的目的在于提高教师的专业水准和专业地位。其具体作用是为教师的进修提供机会，为教师进行教育教学研究创造条件；制定各种专业的规章制度和专业伦理规范，积极争取社会的专业认同。如我国的"教育学会"及其分会就具备上述功能。然而，目前我国大多数教师对教师的专业组织认识不清，参与程度不高，甚至还有某些误解；教师专业组织的设置很大程度上还受到行政人员的干预，如教师组织的筹建初期，在设备、场地、人员等方面都需要行政的支持，然而有些行政人员存在相当的主观和偏见，不予支持。为了教师的专业发展和专业自主权力的获得，必须建立教师专业组织，维护教师的权益及专业自主。教师专业组织的建立要以教师为主体，把维护教师的权益和专业自主作为主要目标，教师是在自愿的基础上加入的，在组织的规章制度、经费、决策等上享有自主权，非外界个人和组织可以干涉，组织具有代表其成员决定的义务，以及组织与外界互动过程中权利的合法基础。组织的主要功能可归纳为：

保障、规范、研究、参与、服务和联谊。

　　总之，认清教师专业自主的权利与权限对教师的专业发展是十分必要的，不仅能让广大的中小学教师行使自己的专业权利，还能让其明白制约权利的深层原因，学会超越权限的一般策略，从而保证专业自主权利的回归，促进教师的专业发展。

有关教师职业道德的理性思考

长期以来关于教师职业道德的标准一直存在着分歧：一方面，大众对教师的道德水平提出了很高的要求与标准，并认为教师不管在任何时候都应表现出符合高水平道德的言行，媒体也塑造出很多为教育事业付出全部的高大教师形象并以此为标杆；另一方面，有关学者和教师认为社会对教师的道德要求过于苛刻，这种高标准、严要求的舆论环境给教师带来很大的压力，从而不利于教师的主动发展。怎样做到理性、专业地对待师德问题呢？本文将从教师职业道德与相关概念的区分和转化这一角度来阐述这一问题。

一、必须明确两个区分

1. 职业道德与教师职业道德区分：认清师德的必要性与重要性

职业道德是指人们在职业生活中应遵循的基本道德，即一般社会道德在职业生活中的具体体现。它既是对本职人员在职业活动中行为的要求，同时又是职业对社会所负的道德责任与义务。教师职业道德，简称师德。是教师在从事教育劳动时所应遵循的行为规范和必备的品德的总和。教师职业道德是职业道德其中之一，所以它具有一般职业道德所具有的特征，也就是它具有特定性、灵活性和多样性，继承性和稳定性。然而教师职业与一般的职业相比有其非常特殊的地方。从而教师职业道德也就有了更深刻的意义。

教师职业不同于一般职业的特点：

（1）教师职业劳动主体与工具的同一性，教师职业不像其他职业一样，他的工作方式不需要什么工具，而是在同学生的活动中靠自己的知识、智慧、人格魅力来影响学生。所以教师的一言一行都有可能对学生的发展产生影响。

（2）教师职业劳动关系的复杂性，教师不仅要调节与服务对象即学生的关系，还要调整教师与教师，教师与学生，教师与学校领导，教师与学生家长以及教师与社会其他方面关系。教师在处理种关系时所表现的一言一行都可能对其他关系的处理产生影响。

(3) 教师职业管理的复杂性。教师在教育劳动中各种组织工作，同劳动管理不一样，劳动管理有行政支配权，而教师则没有行政支配权，教师的组织管理工作只能用道德手段来实现。教师职业特有的特点一方面说明了教师职业道德的必要性，另一方面也说明提高教师职业道德不仅对于教师个人并且对于整个教育事业和学生的发展都有其深远影响。

2. 教师道德与教师职业道德的区分：认清教师提高师德的领域

我国社会主义道德主要包括职业道德、家庭美德和社会公德三个主要领域，职业道德是与社会公德、家庭美德平行的道德形态，独立于社会公德和家庭美德之外。同理，教师道德不仅包括教师职业道德还包括教师的社会公德和家庭美德。也就是说教师道德包含教师职业道德，除此之外，教师道德还包含了教师在非职业领域里的人际伦理关系道德，对两者关系的区分，对于师德建设有着重要的作用。教师除了教师职业赋予的权利义务之外，他首先应该享有的是一个普通公民应享有的一切权利与义务。我们不能只看到教师角色应承担的职业赋予它的高标准道德要求，而忽略教师在他的私人生活领域所享有的与普通人同样的权利与义务。在作为普通公民时，我们应以一般公民的道德水准来评价教师的言行。

而现在不管是社会公众还是大众媒体，总是把教师角色所应承担的高要求道德划进教师作为普通公民时所应承担的道德义务中去，认为教师就应该具有无私奉献，舍生取义等人类最高尚的品质，也只有这样的老师才是真正的好老师。这对教师来说，由于道德压力过大，反而不利于教师主动的提高道德水平。所以，我们应该区分教师在不同角色中承担的不同水平的道德要求。

教师作为教育者，在履行他的教育角色时，在具体的教育情境和在处理与学生关系时应该严格要求自我，不断提高自身的师德水平。也就是说教师职业道德应该是高要求的道德。这不仅是教师角色赋予他的义务。更因为教师角色所承担的更为广泛的社会职能对教师的要求。教育劳动的社会职能主要是通过培养教育出具有良好思想品德掌握一定文化科学知识、体魄健康的人才来为社会发展和人民的利益服务。这决定了教师在履行教书育人任务时必须具有强烈的道德责任感和良好的符合道德规范的行为举止。

教师作为普通公民时，在其扮演一般民众的角色时，对教师的道德要求应该是底线道德，它的最基本要求应该与一般公民在一个起跑线上，不应该因为这个人是教师，所以在他在日常生活中要比一般公民履行更加严苛的道德标准。我们在这要强调的一点，公众都有不断提高自身道德水平的期望，同样教师也应该如此，并不是说我们达到底线道德要求就可以了，不断努力提高自身的道德修养是每个公民应有的素养。

二、努力做到三个转向

1. 由教师职业道德向教师德性的转向：师德由外在规约走向内在塑造

教师德性即指：教师在教育教学过程中不断提升修养而形成的一种获得性的内在精神品质，它即是教师人格特质化的品德，也是教师教育实践性凝结而成的品质。教师德性是内在的，它的发展是教师从事教育事业的过程中，不断提高自身的道德修养，不断充实自我，从而发现生活的意义，获得自我实现的价值的过程。

教师职业道德是对教师外在行为的约束，而教师德性却是保障教师道德的内部因素。道德是人的一种品行，它只有内化为人的社会性素质才有意义。教师职业道德属于一种职业规范，而现在师德规范往往是让教师把道德理论、规范准则作为知识掌握，获得的是"关于道德的观念"，而非内在于人的"道德观念"。即便是通过认知模式，形成了道德的认知、区分善恶的道德选择和判断能力，但这本身也消解了道德教育的实践性，导致"言""行"分离，甚至有"言"无"行"。所以只有把作为外在规范的师德转化为教师的内在德性，让教师自觉地意识到自己职业的道德责任，才能使其成为稳定的精神动力和教师精神的核心部分。

教师德性的提升有助于教师明晰教育生活的意义，有助于教师以满腔热情投入在教育工作中，以不断提升自我修养为己任。同时，教师的身体力行也在不断地影响着学生，教师对高尚德性的追求，使教师在潜意识中会把善心、爱心、责任心传递给学生，并把不断提高学生的全面发展作为教师发自内心的迫切需要，从而会对学生的人格成长带来莫大的鼓舞与感化。最终既有助于教育工作的改善，同时有助于学生的道德进步。

2. 由教师职业道德向教师专业道德的转向：师德由职业走向专业

继 1966 年国际劳工组织和联合国教科文组织在《关于教师地位的建议》中首次以官方文件的形式对教师专业化做出了明确的说明之后，世界各国先后出现了一系列旨在提高教师专业化水平的政策文件和法规。虽然对教师职业是否为"专业"仍有异议，但是世界各国在教师专业化上的方向和趋势是不容置疑的。

作为专业的职业承担着重要的社会责任，在社会系统中有着重要的社会价值、公众期望。它要求从业人员必须对自己职业的性质和意义有着深刻的理性认识。所以，必须对作为专业的职业提出专门的职业道德要求。也就是所谓的专业道德。与教师职业道德相比，教师专业道德更强调专业性与主体性。在教师教育过程中，提升教师的专业性和主体性成为教师专业发展的目标。教师专业道德概念的基本内涵，与过去的一般性师德要求相比较最主要的特点是：强调从专业特点出发讨论伦理规范的建立，而不再是一般道德在教育行业里的简单演绎与应用；所建立的伦理标准都有较为充足的专业和理论的依据，充分考虑了教师专业工作和专业发展的特点与实际、全面、具体、规范，其要求适中。在教师专业化运动中，教师职业道德向教师专业道德转化是一个重要线索。从最初的一般性的道德要求转向具有道德意义的许多专业伦理规范教育，从重视知识、技能教育的技术性培养，逐步过渡到兼顾专业精神和专业知识、技能水平的提升，是教师专业化历史发展的一个重要方面。

由教师职业道德向教师专业道德的转移有其必然原因，首先，教师专业化实质上是回应时代要求提升教师质量的运动，而教师质量与专业精神不能分离，因此有抽象、模糊、未分化的师德走向具体明确和专业化的伦理规范是理所当然的事情。其次，教师专业道德取代一般意义上的行业道德规范，还有进一步规范和保护专业利益和权利的积极意义。实际上在师德规范从一般的职业道德向专业道德的方向转移的过程中，专业组织也的确发挥了重要的历史作用。再其次，由于早期教师专业性水平比较低，人们对与专业工作相关的专业伦理要求较低，而随着教育学、心理学和伦理学的不断进步，人们对教师专业特性的理解程度不断提高，这一专业的状况必然得到改变。

由教师职业道德向教师专业道德转变中要注意的一点是要将专业道德的发展与教师生涯的规划结合起来，有研究发现，教师在专业发展的不同阶段，其专业道德的发展特征有所不同，所以，针对处于不同的教师生涯阶段或专业发展水平的教师，对其师德水平与发展应当有不同的工作重点，以及采取不同的策略。

3. 由教师职业道德向教师的幸福的转向：师德由压力转为幸福

长期以来我们把道德作为调节人与人之间、人与社会之间关系的行为规范，作为社会的一种意识形态，成为凌驾于个人至上的外在统治力量。建立在这种道德观下的道德教育，体现为一种行为约束和管制，从而有意或无意地遏制个人的道德主体性。同样，在教师身上我们只看到师德规范对他们行为规约的一面，教师职业道德的要求越高，对教师的束缚与压力越大，教师的幸福感越低。这里面的主要症结是教师职业道德要求往往是忽略了教师的主体性，脱离了教师主观体验。教育以人生价值的实现为目的，这里的人，不仅包括学生，也包括教育生活中的当事人——教师。教师的幸福是指教师在自己的教育工作中自由实现自己的职业理想的一种教育主体生存状态。教师的幸福应该是教师职业道德的出发点和归宿。所以，教师职业道德制定应该走出无"人"之域，向"以人为本"关注教师主体的方向转变，根据教师个体生命的经历、经验、感受和体验不断生成。同时，师德教育应该要植入教师生活中，直面生活的问题和困境，而不是与生活隔离，在知识的"真空"中进行。

教师专业标准与教师专业发展关系探析

20世纪80年代以来，世界许多先进国家通过明确教师专业标准来凸显教师职业的专业性、推进教师专业化进程作为提高教师质量的共同战略。世界许多国家先后为处于不同专业发展阶段教授不同阶段中小学生的教师制定并实施了一系列教师专业标准，经过20多年的开发与修改，许多国家已经形成较为成熟的教师专业标准体系。在我国，同样把构建完备科学的教师专业标准来评估不同阶段师专业发展水平引导教师专业发展方向作为重要的议题来对待。而且不断深入开展的基础教育课程改革更是从现实层面将我国教师队伍建设提上日程。顺应历史发展潮流，在2011年12月12日，我国教育部正式公布幼儿园及中小学教师专业标准征求意见稿。为促进各阶段教师专业发展，建设高素质教师队伍，根据《中华人民共和国教师法》和《中华人民共和国义务教育法》，制定了《幼儿园教师专业标准（试行）》《中学教师专业标准（试行）》《小学教师专业标准（试行）》。

教师专业标准可以定义为是国家教育机构根据一定的培养目标和教育目的制定出的关于教师培养以及教育工作的指导性文件。教师专业标准规定了具体的教师专业结构要素中的各项实施方法和准则，同时它也是用来描述处于不同的发展阶段的教师在教育教学活动和自身发展方面应达到的专业水准及要求。促进教师专业发展，提高教学质量，引领教师专业的持续发展，进而提高教师的专业地位和教师质量。斯里兰卡国家教育委员会、国家教育学院等机构的专家认为，标准应该是"优秀教师应该知道什么和能够做些什么的标准"。

一、教师专业标准在教师专业发展中的核心位置

教师专业标准通过反映处于不同专业发展水平和阶段的关于教师专业素质的要求，为教师专业发展从简单培养与训练到真正的自我专业探索与学习，提供系统的和循序渐进的专业发展台阶，为促进建立教师教育制度和教师终身学习模式奠定科学的"能力本位"的专业发展基础。

我国教师教育改革中围绕的重心是教师专业化，而教师专业化是以教师专业发

展为最根本目的的,教师专业发展提高必须依赖于可以衡量的标准——教师专业标准。也就是说只有明确的教师专业标准才能使教师发展有明确目标可循,只有教师专业的提高才是真正的教师专业发展,才有教师专业化。而且,教师教育制度确立以及教师教育课程体系建立必然涉及教师素质的问题,这都是建立在教师专业发展的素质标准基础上的。因为,不管是教师教育制度的确立还是教师教育课程体系的建立都是以养成和发展教师素质为本质目的的,离开教师专业标准的确立,则难以谈论有关教师的其他问题。

二、教师专业标准服务于教师专业发展

在某种意义上,教师专业标准不是建立在教师水平平均值之上的"平均标准"而是为了给教师发展创造一个"最近发展区",从而激起教师专业学习的热情和动力,最终服务于教师专业的快速发展。教师专业标准体现着社会、家长、学生等教育相关利益群体对教师专业水平的适当期待。因此,教师专业标准的提出必定能对教师专业发展产生一定的牵引力和推动力,成为驱动教师专业发展的马达和动力。

三、教师专业标准是确立教师专业地位的重要前提

建立科学和完善的教师专业标准是使教学从一种职业真正转变成一种专业,从而为教师提高社会经济地位,并最终确定教师职业的专业地位打下基础。

1966年,联合国教科文组织和国际劳工组织致各会员国《关于教师地位的倡议书》中,以国际跨政府间的名义,第一次确认了教学是作为一种崇高的专业,教师作为"专业工作者"起到了至关重要的作用,并就职前教师培养和职后教师培训的改进、教师社会经济地位的提高提出了一系列重要的建议和政策。该倡议书彻底改变了教师作为"教书匠"和"孩子王"的传统形象。

自新中国成立到如今,我国教师的社会地位得到了很大提高,国家通过关于教师的政策举措的出台也都旨在提高教师的社会地位。但和许多行业相比,教师的经济待遇依然不高,教师职业的专业地位也难以提升。由此可见,教师社会地位和经济待遇的提升,教师职业的专业水平的提高,不仅需要立法和政策的确定,更需要教师队伍自身养成和提高专业素质。教师专业标准的建立则是这一过程的重要前提。

四、教师专业标准是评价教师教学质量的客观依据

教师专业标准为客观评价教师的教学质量的提供了重要依据。教师质量是决定

学生学习质量的一个重要因素，同样教师质量也是决定教育质量的一个重要前提。无数的理论研究和实证研究成果都证明，决定民族未来的是人民的教育水平，人民教育水平的提高来源于对教育质量的提高，决定教育的质量的关键是教师的整体素质。所以，投资教师就是投资全体人民的生活质量、社会的发展和国家的昌盛。因此，教师专业标准的建立是提高教育和教师质量的重要条件，而且也将对未来一代学子的自身素质和学习质量的指向产生至关重要的影响。

吉林省农村小学教师专业发展现状调查研究

通过对吉林省各地区的农村小学进行调查，目的是找到吉林省农村小学教师在发展过程中所遇到的问题和影响农村小学教师发展的因素，具体问题具体分析。鉴于此，我们对吉林省农村小学教师的专业发展进行了问卷调查，试图通过调查，了解农村小学教师的专业发展现状，探寻促进农村小学教师专业发展的可行性策略。从而有效地把握吉林省农村小学教师的专业发展情况，并对吉林省农村小学教师的专业发展提出建议。

通过调查和实证研究，了解农村小学教师的专业发展现状，探寻促进农村小学教师专业发展的可行性策略，为吉林省教育行政部门制定相关政策提供理论依据。

一、问卷的基本情况

调查报告采取分层、整体随机抽样的方法，以吉林省各市（州）下属的农村小学，包括农村小学中心校和村校，11个市（州）农村小学发放问卷1000份，回收908份，删除错答或漏答题目较多者的问卷，得到有效问卷858份，有效率为94.5%，回收数据采用Microsoft Office Excel 2003和Spss11.5进行统计分析。

二、调查结果分析

1. 基本情况调查分析

（1）男女教师比例失衡。

调查显示，样本中农村小学男教师231人，女教师627人，小学男性教师占调查数据中总人数的26.9%，女性教师占调查总人数的73.1%，女性教师是男性教师的2倍还要多，性别比例失衡，从表1数据中显示，吉林省农村小学教师的性别比例严重失衡，有待于改善。

表1　　　　　　　　　农村小学教师调查样本性别构成

性别	人数	百分比
男	231	26.9
女	627	73.1
总计	858	100.0

（2）教师队伍略显年轻化。

根据调查显示，45岁以下的教师占77.7%，其中25岁以下的教师占7.8%，26~35岁的教师占39.6%，36~45岁地教师占30.3%。说明吉林省农村小学教师多数处于青壮年，这个年龄阶段的教师精力充沛、思维敏捷、接受新观念、新事物能力强，有助于农村小学教师专业发展。

（3）教师的学历状况。

从表2可以看到，中专以下的学历占第一学历人数的75.7%，24.3%的教师是大专及以上学历，10.5%的教师是本科学历。我们再看第二学历，数据中显示，这些教师的学历提升的很大，教师通过后续的学习，获得了本科学历的，已经达到了总人数的51.1%，专科学历达到了35.9%，但是仍然有13%的教师没有达到专科以上的学历，大多数教师通过努力获得高学历，证明教师的学习动力还没有下滑，仍然保持着积极的学习心态。

表2　　　　　　　　　农村小学教师调查样本学历构成

第一学历	人数	百分比	第二学历	人数	百分比
本科	90	10.5	本科	438	51.1
大专	118	13.8	大专	308	35.9
中专	516	60.1	中专	93	10.8
高中	111	12.9	高中	19	2.2
初中	23	2.7	总计	858	100.0
总计	858	100.0			

（4）教师薪金待遇。

从表3可以看出，吉林省农村小学教师的工资收入从总体上看，工资待遇还不是很高，在调查数据中，500元以下的占0.6%，500~1000元的占5%，1000~2000元的占57.6%，2000~2500元的占23%，2500~3000元的占12.3%，3000元以上的仅占1.5%，吉林省农村小学教师的工资相对于来说较低，但是从数据上来看，吉林省农村小学教师的工资比较平均，属于正态分布的范围内，大多数教师的工资收入保持着一致性。

表3　　　　　　　　调查样本农村小学教师工资收入

工资收入（元）	教师（人）	百分比	有效百分比	累计百分比
500以下	5	0.6	0.6	0.6
500~1000	43	5.0	5.0	5.6
1000~2000	494	57.6	57.6	63.2
2000~2500	197	23.0	23.0	86.2
2500~3000	106	12.3	12.3	98.5
3000以上	13	1.5	1.5	100.0
总计	858	100.0	100.0	

2. 农村小学教师专业知识发展评价

（1）教育学心理学知识的掌握程度。

农村小学教师在对教师必备的教育学心理学知识掌握的程度上，总体保持较高水平，15.2%的教师具备相当丰富的教育学心理学知识，45.3%的教师已经对知识掌握处于丰富的程度，37.8%的教师也能够掌握一般的教育学心理学知识，但也有极少数的教师教育学心理学的知识比较贫乏仅占1.7%，这说明大多数教师能够掌握教育学心理学知识（见表4）。

表4　　　　　　　　　教育学及心理学知识

掌握程度	人数	百分比
相当丰富	130	15.2
丰富	389	45.3
一般	324	37.8
贫乏	12	1.4
比较贫乏	3	0.3
总计	858	100.0

（2）学科专业知识。

从表5可以发现，农村小学教师对于专业知识的掌握程度保持着积极的心态，大多数教师对专业知识的掌握非常扎实，98.9%的教师都能够积极地学习专业知识，只有1.1%的教师专业知识相对不足，从这些回答的问题中可以发现教师能够认识到自己的不足之处，并且能够从中认识到丰富专业知识的重要性。

表5 专业知识

掌握程度	人数	百分比
相当丰富	132	15.4
丰富	440	51.3
一般	276	32.2
贫乏	10	1.1
总计	858	100.0

（3）实践性知识。

在对农村小学教师实践性知识的调查（见表6）中发现，对于实践性知识的掌握对教师来说同样的重要，95.9%的教师都能认识到实践性知识的重要性，有效地掌握实践性知识能够给教师积累教学经验和方法，能够与实际生活中的问题进行联系，从经验中得到解决问题的方法，同时使教师对于知识的掌握更加的牢固、扎实。

表6 实践性知识

掌握程度	人数	百分比	有效百分比	累计百分比
相当丰富	95	11.1	11.1	11.1
丰富	358	41.7	41.7	52.8
一般	370	43.1	43.1	95.9
贫乏	29	3.4	3.4	99.3
比较贫乏	6	0.7	0.7	100.0
总计	858	100.0	100.0	

（4）教师专业知识发展情况均值为"上等"。

吉林省农村小学教师专业知识从九个方面进行调查，教育学及心理学知识的掌握程度、普通文化知识、教学方法和技术知识、学科专业知识、相关学科知识、音体美知识、教师个人实践知识、课程开发及设计知识、计算机及网络知识。对这九个方面做平均分，从表中数据我们可以得出结论，农村小学教师对于专业知识的学习表现为积极状态，将近100%的教师认为专业知识的学习非常重要（见表7）。

表7　　　　　　　　　　　专业知识

掌握程度	人数	百分比	有效百分比	累计百分比
相当丰富	55	6.8	6.8	6.8
丰富	407	47.4	47.4	54.2
一般	379	44.2	44.2	98.4
贫乏	13	1.5	1.5	99.9
比较贫乏	1	0.1	0.1	100.0
总计	858	100.0	100.0	

3. 专业能力的发展评价

纵观表8我们可以发现，无论是哪一个能力的发展，教师对于能力的掌握程度都认为是应该具有的，除了现代教育技术应用能力和教育科研能力还有待于进一步提高，每一种能力要求掌握的程度都在95％以上，比起其他的能力，这两方面还需要加强。

表8　　　　　　　　　　教师专业能力　　　　　　　　　　单位：%

评价指标	非常重要	重要	一般重要	不重要	完全不重要
课堂组织和管理能力	25.3	52	21.9	0.5	0.3
教学表达能力	24	52.8	22.5	0.6	0.1
师生交往能力	24.8	53.8	21.1	0.1	0.1
思想品德教育能力	23.7	47.7	27.4	1.2	0.1
现代教育技术应用能力	11.8	37.5	44.1	6.1	0.6
自学能力	17.5	45	34.8	2.0	0.7
教育科研能力	14	35.5	43.6	6.2	0.7
板书能力	17.5	44.4	35.4	2.2	0.5
改造差班的能力	14.9	44.9	35.8	4.0	0.5
教育教学创新能力	12.4	45.1	39.2	3.1	0.2
教学反思能力	18.1	44.9	35.1	1.9	0.1

在长期的教学生涯中，教师对于学生的影响是有限的，教师有时也会感到对问题学生尤其是学困生的一种无可奈何。而学困生也往往是各种问题学生的主体。通过访谈得知，教师对于学困生的问题感到十分头疼，他们需要花大量的时间和精力

来顾及这些学生,所以教师的专业能力就需要迫切的提高。

4. 农村教师专业情意发展评价

从对专业情意上看,大多数教师感到新课程改革对他们教学工作的挑战与价值,过半数的教师认为新课改使他们体验到教师工作的魅力和意义。同时,也有少数教师认为他们也感到了新课程改革带来新的压力,并且这种压力也在逐渐加大。对农村小学教师进行调查中,教师专业情意的体现要适当地把握,有效地提高农村教师的专业情意。

(1) 社会的评价。

从表9我们可以看到,认为社会、家长、校长的评价非常重要的占47.8%,比较重要的占30.4%,重要的占17.4%,不重要的占2.5%,非常不重要的占1.9%,教师对于社会、家长、校长的评价看的尤为重要,这种评价能够激励教师积极进取。这种正向评价能够使教师体验到教师工作的魅力和意义。

表9　　　　　　　　　　社会、家长、校长的评价

评价程度	人数	百分比	有效百分比	累计百分比
非常重要	410	47.8	47.8	47.8
比较重要	261	30.4	30.4	78.2
重要	149	17.4	17.4	95.6
不重要	22	2.5	2.5	98.1
非常不重要	16	1.9	1.9	100.0
总计	858	100.0	100.0	

(2) 学生的激励。

根据表10调查数据显示,49.5%的教师认为学生的发展对教师的激励非常重要,30.7%的教师认为比较重要,16.2%的教师认为重要,2.8%的教师认为不重要,只有0.8%的教师认为非常不重要。学生能给予教师的激励就是学生得到更好的发展,同时这种激励促进教师自我成长和自我实现,有利于教师的专业发展。

表10　　　　　　　　　　学生发展对教师的激励作用

激励程度	人数	百分比	有效百分比	累计百分比
非常重要	425	49.5	49.5	49.5
比较重要	263	30.7	30.7	80.2

续表

激励程度	人数	百分比	有效百分比	累计百分比
重要	139	16.2	16.2	96.4
不重要	24	2.8	2.8	99.2
非常不重要	7	0.8	0.8	100.0
总计	858	100.0	100.0	

（3）教师责任感。

从表11中的数据显示，50.9%的教师认为，教师的光荣使命使教师具有莫大的责任感和挑战意识，30.3%的教师认为这种光荣的使命比较重要，15.9%的教师认为重要，2.9%的教师认为这种意识不重要，不能够促进教师前进。

表11　　　　教师的光荣使命使教师具有莫大的责任感和挑战意识

评价程度	人数	百分比	有效百分比	累计百分比
非常重要	437	50.9	50.9	50.9
比较重要	260	30.3	30.3	81.2
重要	136	15.9	15.9	97.1
不重要	15	1.7	1.7	98.8
非常不重要	10	1.2	1.2	100.0
总计	858	100.0	100.0	

表11的数据表明，大多数教师能够积极看待教师责任感这个问题，正确地做出评价，虽然有极少部分人认为这些不能激励教师，但是这是由于这部分人缺少积极的动力，还没有真正地体验到教师的光荣使命给予教师的快乐和与之相伴的责任感。

5. 影响农村小学教师专业发展的主要因素

（1）影响农村小学教师专业发展的校内因素。

促进教师专业发展的学校因素中，学校氛围被教师列为首选项，从表12的数据中我们也看到，在学校管理与学校氛围的中57.8%的教师认为非常有帮助，36.5%的教师认为很有帮助，无帮助和无此经历的只占1.2%，98.8%的教师都认同学校氛围的重要性。

表 12　　　　　　　影响教师专业发展的校内因素　　　　　　单位：%

校内因素	非常有帮助	很有帮助	有帮助	没有帮助	无此经历
学校管理及学校氛围	57.8	36.5	4.5	0.9	0.3
校长治学理念	54.8	37.4	5.5	1.4	0.9
校本培训	51	35.7	10.3	2.1	0.9

校长的治学理念和校本培训对教师的帮助同样也是重要的影响因素，校长的治学理念中97.7%的教师认为影响着教师的专业发展；校本培训中97%的教师有同样的支持态度，认为校本培训很重要。

（2）影响农村小学教师专业发展的社会因素。

上级部门的培训、岗前培训和任教后的短期培训的选项中（见表13），教师认为有帮助的数据显示为97.5%、98.2%、97.7%，这三种影响因素对于教师来说都是提高教学技能和科研能力以及教育理论水平的重要因素。数据显示也有小部分教师不认可这些因素，认为这些因素对于教师专业发展无作用。

表 13　　　　　　　影响教师专业发展的社会因素　　　　　　单位：%

社会因素	非常有帮助	很有帮助	有帮助	没有帮助	无此经历
上级部门的评价	42.0	43.9	11.6	1.9	0.6
岗前培训	45.1	45.2	7.9	1.2	0.6
任教后的短期培训	44.8	45.2	7.7	1.5	0.8
外出开会交流	46.7	43	7.8	1.2	1.3

外出开会等学术交流对于教师的专业发展同样起着重要的作用（见表14），97.5%的教师认为这种方式的确能够提高教师的各方面能力，是有效提高教师的专业发展的重要因素。

表 14　　　　　　　学术交流对教师专业发展的影响

影响程度	人数	百分比	有效百分比	累计百分比
非常有帮助	401	46.7	46.7	46.7
很有帮助	369	43.0	43.0	89.7
有帮助	67	7.8	7.8	97.5
没有帮助	10	1.2	1.2	98.7
无此经历	11	1.3	1.3	100.0
总计	858	100.0	100.0	

(3) 影响教师专业发展的自身因素。

在调查中，教师与同事间的交流、阅读教育书籍和参与立项课题研究对于提高教师的能力有莫大的作用，从表 15 的数据中可以看到，在与同事间的交流中认为非常有帮助的在三项中最高，表示这项对于提高教师的专业发展有着重要的作用；阅读教育书籍这一因素显示，前三项之和达到 98.9%。

表 15　　　　　　　影响教师专业发展的自身因素

自身因素	非常有帮助	很有帮助	有帮助	没有帮助	无此经历
与同事间的交流	53.1	41.1	4.4	1.0	0.2
阅读教育书籍	50.9	41.7	6.3	1.0	0.1
参与立项课题研究	42.3	42.9	11.8	0.9	2.1

(4) 影响教师专业发展的家庭因素。

教师专业发展的过程离不开家庭的支持，从调查研究中我们就发现，98.4%的教师认为家庭的支持对于教师的成长有着非常重要的作用（见表 16）。教师专业发展过程本身就是教师个体的专业结构要素回应各种环境因素，随之此消彼长、循环互动的过程。由于个体间专业发展的影响因素不同，教师专业发展状态也大相径庭。就影响因素的性质而言，积极的因素集中对教师个人产生影响时，它们会成为教师专业发展的内驱力；相反，一个充满危机、易导致冲突的环境则容易对其产生负面影响，容易成为其专业发展的掣肘。

表 16　　　　　　　影响教师专业发展的家庭因素

影响程度	人数	百分比	有效百分比	累计百分比
非常重要	469	54.7	54.7	54.7
很重要	343	40.0	40.0	94.6
重要	32	3.7	3.7	98.4
没有帮助	10	1.2	1.2	99.5
无经历	4	0.5	0.5	100.0
总计	858	100.0	100.0	

6. 相关性分析

(1) 与年龄相关的因素分析。

年龄与专业知识、专业能力、影响因素和专业情意的相关分析显示，年龄与专业知识和专业能力的 pearson 相关值为 0.056 和 0.011，表明年龄与专业知识和专业能力不相关，而年龄与影响因素和专业情意的 pearson 相关值为 0.116 和 0.078，故此年龄与教师的专业情意和影响因素有显著性相关，表明随着年龄的增长，教师的专业情意和影响因素都在随之变化。

表17　　　　　　　　　　　　年龄相关因素分析

因素	年龄	专业知识	专业能力	影响因素	专业情意
年龄	1	0.056	-0.011	0.116	0.078
专业知识	0.056	1	0.665	0.198	0.289
专业能力	-0.011	0.665	1	0.255	0.348
影响因素	0.116	0.198	0.255	1	0.543
专业情意	0.078	0.289	0.348	0.543	1

（2）性别与专业知识、专业能力、专业情意和影响因素的相关分析。

从表18和表19可以看出，男女教师在专业知识、专业能力和专业情意的值分别为0.852、0.059、0.053，所以性别在这三个方面无显著性差异，说明这三方面不受性别因素的影响。在影响因素这一项，性别与影响因素的值为0.005，这说明性别与影响因素相关，男女教师的会因为影响因素而发生变化。

表18　　　性别与专业知识、专业能力、专业情意和影响因素的相关分析

影响因素	性别	样本数	平均值	标注差	标注误
专业知识	男	231	2.4262	0.58271	0.03834
	女	627	2.4180	0.56169	0.02243
专业能力	男	231	2.2767	0.58289	0.03835
	女	627	2.1928	0.57368	0.02291
影响因素	男	231	1.7071	0.50915	0.03350
	女	627	1.6039	0.46552	0.01859
专业情意	男	231	1.8732	0.52723	0.03469
	女	627	1.7941	0.53229	0.02126

表19　　　　　　　　　　　T检验

影响因素	F值	T值	自由度	显著度
专业知识	0.048	0.186	856	0.852
专业能力	0.296	1.890	856	0.059
影响因素	1.052	2.806	856	0.005
专业情意	0.003	1.935	856	0.053

（3）学历与专业知识、专业能力、专业情意和影响因素的相关分析。

根据表20和表21数据显示，第一学历表格中的教师的第一学历与专业知识、专业能力、影响因素和专业情意几个方面做相关分析，专业知识与第一学历的显著度为0.004，说明教师的第一学历直接影响着教师的知识掌握程度，而在其他三项中无相关。在第二学历中，教师的专业知识和专业能力的显著度为0.098和0.762，说明学历水平不影响教师的专业知识和专业能力，在影响因素和专业情意的显著度为0.001和0.003，呈显著性相关，教师的专业情意和影响因素与教师的以后学习成长中都与教师的后续学历（第二学历）有关系。

表20　　第一学历与专业知识、专业能力、专业情意和影响因素的相关分析

影响因素	平方和	自由度	均方	F	显著度
专业知识	4.973	4	1.243	3.918	0.004
专业能力	1.031	4	0.258	0.773	0.543
影响因素	0.596	4	0.149	0.647	0.629
专业情意	2.107	4	0.527	1.870	0.114

表21　　第二学历与专业知识、专业能力、专业情意和影响因素的相关分析

影响因素	平方和	自由度	均方	F	显著度
专业知识	2.021	3	0.674	2.103	0.098
专业能力	0.388	3	0.129	0.387	0.762
影响因素	4.017	3	1.339	5.923	0.001
专业情意	3.882	3	1.294	4.634	0.003

（4）专业知识、专业能力、专业情意和影响因素的相关分析。

表22中的这些数据说明，在专业知识、专业能力、影响因素和专业情意四个方面相互都表现为显著性相关，这四个方面发展都有着必要的联系，发展总趋势离

不开教师这四个方面的相互作用。

表22　　　　　　　专业知识、专业能力、专业情意和影响因素

影响因素	专业知识	专业能力	影响因素	专业情意
专业知识	1	0.665	0.198	0.289
专业能力	0.665	1	0.255	0.348
影响因素	0.198	0.255	1	0.543
专业情意	0.289	0.348	0.543	1

三、结论与讨论

1. 农村小学教师专业发展的情况，专业知识、专业能力、专业情意发展失衡

如今农村小学教师面临最重要的就是专业知识、专业能力和专业情意的发展，同时科研能力的需求也在逐步提高。从农村小学教师对知识的需求来看，农村小学教师对教师专业发展理解存在片面性，由于缺乏对专业发展的深刻认识，教师不能够积极地投身到教育当中，使教师得不到充分的发展。教师对专业知识、教师的专业能力和专业情意的掌握都将给予教师积极的促进作用，有效地组织教师学习知识，不仅提高教师的能力，也培养教师的专业情意，能够提高农村小学教师的从教的积极性。这些都要求农村小学教师要有专门的儿童发展与教育理论和实践知识，特别是教育学、心理学等多个方面，树立起正确的教育观念；具备教育实践能力，能够组织教育活动，对儿童的行为、学习、交往、情感进行指导，为儿童创设有利于儿童发展的环境，最为重要的还是要平行发展教师的专业知识、专业能力和专业情意。

2. 农村小学教师专业发展的外在影响因素大于内在影响因素

无论是对教师专业发展外在的动力因素选择，还是教师专业发展内在的动力因素的选择，从数据中所反映的问题表明大多数教师专业发展外在影响因素大于内在影响因素。这样的结果反映了影响农村小学教师专业发展因素的实际情况，说明农村小学教师自身专业发展的主要动力来源于外部的作用力，这是社会发展的需要，同时也反映了农村小学教师自主发展的意识还是不够强烈，在一定意义上，这样的结果不利于农村小学教师专业的发展。农村小学教师专业发展的影响因素是双向的，是外在动力与内在的动力相互作用的结果，这两种动力需要保持平衡，这种平衡一旦被打破，就会导致教师专业发展的片面性，教师自身专业素质的发展和提高

就会受到阻碍，不利于教师专业发展。

3. 45 岁以上的教师群体对教师专业发展的压力感相对较大

从理论上来说，教师经验在这个年龄阶段应相当丰富；教师的自身发展也促使教师成为专家型教师；在这年龄段的教师大多数应该是学校中的骨干教师。从数据分析中以及访谈调查中分析得出结论，影响这个阶段教师的自身发展因素由社会因素、学校因素和自身因素相互作用而成，例如教师面临着退休的困惑、学生数量的减少形成村小合并的情况、当今大学生就业人数的增多等等。帮助这个年龄段的教师克服一些外界影响因素，调动自身的积极因素促使他们真正成为专家型教师，提高教师的幸福感指数将有利于调动 45 岁以上的教师的积极性，从而对教育的发展做出更大的贡献。

4. 农村小学教师专业发展要提高教学技能、学科知识、计算机能力、科研能力

在传统教学中教学技能和学科知识是小学教师正常从事教学所必需的，本次调查发现，教学技能和学科知识对教师来说特别重要，教师要顺利实施教书育人的目标，就要有先进的教育理念和教育知识，在教学过程中应该具备这种基本能力，这样才能够使教师在正常的教学活动中如鱼得水；农村小学教师科研能力也需要提高。教师在教学中展开研究活动，能够及时发现和解决问题，能促使教师进行自我反思，使教师的专业素质得到更大的提升，提高科研能力；农村小学教师在计算机应用方面同样存在问题，特别是年龄大的教师对计算机和多媒体的运用不够娴熟，学校在硬件设施上也达不到应有的标准。

5. 部分教师教育热情不够高

存在这种想法的教师并不在少数，其中的原因也很多，在调查问卷中和访谈中都有显现。大多数教师因为教师的薪金待遇问题感到苦恼，同时也包含着许多隐性因素影响着这部分教师热情，这些都关系到教师从事教育事业的自身幸福和快乐，同时教师的教育热情也影响小学生的身心发展。相关教育部门应当给予积极的关注，提高教师的幸福感指数和教育热情。

四、对策建议

1. 加强农村小学教师终身教育理念的学习

首先，改变教师对教育理论的学习就要减少教师在不同程度上存在的轻视和厌烦的学习理论的现象。优秀教师与一般教师的不同在于对教育理论的学习和解决具体问题的方法。因此可以利用比较、对话和合作研究等方法帮助农村小学教师提高教育理论学习的意识。

其次，借助理论与实践相联系的学习方式，不仅要系统的对学科知识进行学习，还要与实践经验相结合，通过对理论知识的理解和教育经验相结合使他们体验到教育理论的魅力所在。

最后，要具备终身学习的思想，随着教育改革的浪潮迅速的扩展，社会对教师的素质也提出了更高的要求，教师只有通过有效的知识管理，随时充实新知识并鼓励自我成长，加快自身知识的新陈代谢，提升专业知识素养，才不会被社会所淘汰，否则随着科技的发展和社会的进步，不能继续学习，不能及时更新知识的将会沦为新时代的"文盲"。

2. 营造教师专业发展的和谐气氛

（1）注重学校文化的建设。和谐积极的校园文化能有效促进教师专业化发展。在教师专业化发展过程中，要建立和谐积极的学校文化，就要求校领导制定各种鼓励政策，支持教师进行教育科研与教学改革，倡导教师间合作，倡导和谐的教师关系及师生关系，定期开展校内教学及学术交流活动，在教师中树立团队意识，使教师在教学研讨及合作研究中共同提高专业水平。在教学资源建设上学校要加强投资，为教师教学科研提供学术支持。学校要注意组织教师外出参观学习考察和参加各种学术活动，拓展教师教学与学术视界，给校园文化引入新鲜成分。在培养新教师方面，学校要建立师徒传帮带制度，帮助新教师迅速成长。

（2）加强学校环境、政策环境的建设围绕学校和教师专业发展，需要教育行政部门运用战略发展的眼光，制定一系列取向明确、调控力度较大的教师专业发展的政策。例如相对于经济社会发展和教育改革发展的要求而言，教师队伍建设和教师专业成长具有一定的滞后性，急需制定和完善教师培养、岗位责任、考核评价、奖励激励、培训教育等方面的政策和机制，再如，加大投入，进一步改善学校的办学条件，提高教师的工资福利待遇。落实科学化、多元化的发展性教师评价体系等。通过相关政策的制定与实施，强化教师专业发展意识，加快自身的专业发展。

3. 完善农村小学教师校本培训的机制，促进农村小学教师专业发展

完善农村小学教师校本培训机制要从以下几个方面做起：首先，深化认识。从学校角度来说，要认清教研工作对于教育改革和发展，对于提高学校教学质量的重要意义。要把教研工作作为学校和教师的本职工作来对待，走出教学工作中的形式主义和功利主义的怪圈，使"科研兴校"口号落到实处。对于教师个人而言，要尽快实现观念和角色的转变，由传统意义上的"教书匠"转变为身兼"教""研"两职的新型研究型教师。其次，改变自上而下的教研工作模式，适度减弱计划性，增强随机性，减小统一性，增大自主性。教师不再是被动的执行者，而是主动的参与者；教研工作不再是按照统一的计划围着教研员，而是教研员在发现问题、参与研究、组织交流、扩大影响，推动区域校本教研的进展。再其次，建立完善的校本教研激励和评价机制。提高教师对教研工作的认识，是搞好教研工作的前提，而建立完善的教研工作的管理运行机制则是搞好教研工作的保证。制度具有规范、约束和导向的作用，制定科学合理的激励机制和评价机制对校本教研的发展具有不可低估的作用。

4. 注重教师的科研能力的提高，促进教师专业发展

（1）提高农村小学教师的科研意识、能力提高教师科研意识应当符合教师的本身的观念，这种观念应该是有效地提高教师自主性和能动性。首先，教师确立自主专业发展观，要提高教师内部发展的动力，而不是依赖于外部的要求。这种内部动力来自于教师自己的人生目标、对事业的追求。其次，要切合实际的考虑到教师的自身情况，根据具体的情况而定，量体裁衣恰到好处。再其次，教师要真正树立科研意识，必须理解自身发展与周围的同事和环境关系，从根本上找到原动力，不可操之过急，重要的是要懂得团队的力量大于个人的力量。根据调查分析得出的结论表明，小学教师学习研究意识和能力相对较弱，教师主动学习的动力不足。小学教师的学习精神与探究能力是教师专业发展的主要因素之一，是教师本身专业化成长、做好教师工作、促进学生成长的关键，农村小学教师学习的意识与能力不仅是教师职业本身对其从业者的要求，也是对教师作为一名学习者终身学习的要求。要加强农村小学教师的学习与探究的意识、能力习惯的培养与提升。首先，要引导鼓励小学教师积极参与教育科研活动；其次，要创设条件，营造氛围；再其次，要搭建教育平台，从实践中提升教师本身的能力，在活动中充分发挥教师的能力，在活动中学习，在活动中提高教师的研究能力。

（2）加强教师之间的合作交流。农村小学教师合作交流本身又呈现出不拘一格的特点，教师在参与制度规定的常规教研活动之外，不排斥教师之间不定期的、随时随地的交流研讨。农村小学教师在地理环境上决定了教师活动灵活性，教师除在本校本学科组内听课评课、座谈讨论，也可以跨校、跨学科交流学习。邀请专家型的教师到当地学校与教师交流经验，丰富教师的经验转变教学观念。通过教师间的讨论可以以统一意见的达成为结果，也允许不同意见的存在，毕竟教学行为是教师的个人行为，它允许不同教学方法和教学风格的存在，与此同时，使教师通过交流也能够获得成功感。这种灵活多样的教研活动形式可以为教师的合作发展和进步提供更加广阔的空间。

5. 鼓励和引导大学毕业生和城镇优秀教师投身农村教育

必须采取多种政策举措，鼓励和引导大学毕业生、城镇优秀教师投身农村教

育，改善农村教师发展的生态环境，农村义务教育教师的发展，需要外部新鲜力量的加入。

为了鼓励、吸引优秀人才到农村中小学任教，国家出台了多项政策举措。如在2004年，教育部组织实施"农村学校教育硕士师资培养计划"，采取推荐免试攻读教育硕士专业学位研究生的方式，吸引国家和省属重点大学优秀应届本科毕业生到贫困地区农村学校任教。2005年颁发的18号文件要求各地区、各有关部门制定优惠政策，鼓励大中专毕业生到西部"两基"攻坚县任教，组织好"教育对口支援"和"两部大学生志愿者计划"，满足西部地区普及义务教育对合格师资的需求。2006年5月，教育部等四部委联合发布《关于实施农村义务教育阶段学校教师特设岗位计划的通知》。另外还有2006年教育部颁布《关于大力推进城镇教师支援农村教育工作的意见》；2007年，国务院办公厅发布的《教育部直属师范大学师范生免费教育实施办法（试行）》；2008年教育部办公厅开始组织实施的"中西部农村义务教育学校教师国家级远程培训计划"等。这些政策举措的颁布与实施，无形中改善了农村义务教育教师发展的生态，对农村义务教育教师发展起到了极大的促进作用。相比之下，这些举措尚需在吉林省积极推广和完善，提高吉林省农村小学教师质量。

6. 改善教师发展的经济条件

应实行城乡教师同一工资标准，实施农村教育教师特殊津贴制度，提高其收入水平，改善教师发展的经济条件。

农村义务教育的兴盛关乎我国国民素质的提高，关乎国家未来的命运。当前，教育财政首先要消除城乡教师待遇不公平的问题，尽快做到城乡教师执行同一工资标准，采取措施保证农村教师工资标准不低于国家标准，地方性津贴补助不低于当地国家公务员水平。在保障教师工资的前提下，国家对农村义务教育实行财政性扶持政策，对在贫困和边远农村地区任教的教师，国家实施农村义务教育教师特殊津贴制度，实行农村义务教育补贴工资，以提高农村义务教育教师的工资待遇，对于稳定农村义务教育教师队伍，吸引合格师资到农村任教具有重要意义。

专业标准背景下小学教师专业发展调查及对策研究

——以吉林省梨树县为例

教师专业发展是教师专业化实现的重要方面，教师素质的提高是教师专业发展得以实现的本质。教师专业标准是提升教师素质，确立教师专业地位的重要前提。本研究是基于我国2011年颁布的《小学教师专业标准（试行）》中的基本理念和主要内容，对教师依据标准提升自身专业发展进行研究。通过对小学教师专业发展状况的调查，了解小学教师对《小学教师专业标准》的认同感以及小学教师素质的现状，明确在新标准实施下教师在专业发展上存在的问题，一定程度上反映《小学教师专业标准》颁布以来的实施状况，为教师素质的进一步提高、《小学教师专业标准》的更新和完善提出策略。

本次调查的调查内容包括对新标准的认同感、专业理念与师德、专业知识、专业能力四部分。专业理念与师德、专业知识、专业能力主要以教育部颁发的《小学教师专业标准》为标准。对新标准的认同感主要包括对于《小学教师专业标准》基本理念、主要内容以及实施建议的认同；专业理念与师德维度有职业理解与认识、职业理解与认识、教育教学的态度与行为、个人修养与行为四个方面；专业知识维度有小学生发展知识、学科知识、教育教学知识和通识性知识四个方面；专业能力维度包括教育教学设计、组织与实施、激励与评价、沟通与合作、反思与发展五个维度。

一、样本基本情况

本研究选择的调查对象主要为吉林省梨树县农村六所小学，参与调查的小学教师近200人，回收有效问卷189份，有效率94.5%（见表1）。

表1　　　　　农村小学教师专业发展调查样本情况

变量	样本分布	样本数	样本总计
性别	男	23	189
	女	166	

续表

变量	样本分布	样本数	样本总计
年龄	24 岁以下	31	189
	25~29 岁	63	
	30~39 岁	45	
	40~49 岁	36	
	50~59 岁	10	
	60 岁以上	5	
学历	中专及以下	35	189
	大专	60	
	本科	84	
	研究生及以上	10	
职称	小教高级	35	189
	小教一级	93	
	小教二级	69	
	小教三级	2	
所教年级	低年级	45	189
	中年级	74	
	高年级	70	
教龄	0~1 年	3	189
	2~5 年	26	
	6~10 年	72	
	11~20 年	70	
	21~30 年	16	
	31 年以上	2	

二、小学教师对专业标准的认同感

对《小学教师专业标准》的认同感是从三个维度即对基本理念的认同、对主要内容的认同和对实施建议的认同来考察。表 2 为吉林省梨树县农村小学教师对《小学教师专业标准》基本理念、主要内容和实施建议三方面认同感的调查结果，其中，对于基本理念认同的均分为 3.8693，对于基本内容认同的均分为 3.5923，对于实施建议的认同为 3.4770。小学教师对新标准的基本理念、主要内容和实施建议总体持认同和肯定的态度。相比而言，对于基本理念的认同明显高于对主要内容和实施建议的认同。

表2　　　　小学教师对《小学教师专业标准》基本理念、
主要内容和实施建议的认同感

项目	基本理念认同	主要内容认同	实施建议认同
平均数	3.8833	3.5923	3.4770
标准差	0.4002	0.6990	0.7202

对《小学教师专业标准》主要内容的认同又具体分为对专业理念与师德内容的认同、对专业知识内容的认同以及对专业能力内容的认同三个维度，表3中三项内容的平均分数都在3.5分，表明教师对《小学教师专业标准》的主要内容是比较能接受的。对专业理念和师德的认同的分数是最高的。

表3　　　　小学教师对专业理念与师德、专业知识和
专业能力认同的平均分与标准差

项目	专业理念与师德认同	专业知识认同	专业能力认同
平均数	4.2474	3.5832	3.5202
标准差	0.5663	0.4658	0.7117

三、小学教师的专业素质现状对新标准要求的符合度

小学教师的专业素质情况是新标准制定的前提和更新动力。了解小学教师的专业素质现状对于更好地提高小学教师水平和完善《小学教师专业标准》至关重要。现对小学教师素质现状进行调查，调查结果一定程度上反映出小学教师对《小学教师专业标准》具体要求的符合程度。调查内容涉及专业理念与师德、专业知识、专业能力3个维度中的13个领域的58条基本要求。

1. 小学教师的专业素质现状基本上适应《小学教师专业标准》的要求

对小学教师专业理念与师德、专业知识、专业能力的测评结果见表4。数据显示，在这三个方面的自评中，专业理念在其中的得分最高，是3.6421（满分为5）。但是，专业知识与专业能力分数也都介于3与4之间。这表明小学教师面对新实施的教师专业标准的具体要求，自身适应状况和发展现状评价并不高。

表4　　　　小学教师专业理念与师德、专业知识与专业能力测评结果

项目	专业理念	专业知识	专业能力
平均数	3.6421	3.5841	3.5169
标准差	0.6557	0.5664	0.4680

表5数据显示出：在专业理念、专业知识、专业能力三个维度中教师的测评结果分数分布情况。大部分教师在《小学教师专业标准》实施背景下，专业理念与师德、专业知识、专业能力的发展还是基本适应新标准的要求。但是，有14.1%的教师在专业理念的测评分数上给自己的评价低于3分，在教师对自身专业知识水平评价中有接近40%的教师对自身评价不高，对专业能力的测评中有接近47.7%的教师测评分数较低。这说明在《小学教师专业标准》的实施中，有部分小学教师不能符合教师专业标准提出的具体要求，专业发展水平亟待提高。

表5　　　小学教师的专业理念、专业知识、专业能力基本内容的测评分数分布

内容	单位	3分以下	3～3.4分	3.5～4.4分	4.5分以上
专业理念与师德	样本数（人）	27	43	97	23
	百分比	14.1	22.6	51.3	12.0
专业知识	样本数（人）	25	49	66	49
	百分比	13.2	25.9	34.9	28.5
专业能力	样本数（人）	19	70	92	6
	百分比	10.2	37.5	48.7	3.2

低于3分则表明教师专业发展状况较差，不能适应新标准的要求；3～3.4分为一般；3.5分以上为良好；4.5分以上表明发展状况非常好；最后满分为5分。

2. 教师的非教育专业能力有待提高

在新标准背景下小学教师对专业知识，基本的教育理论知识和对教学工作的组织管理能力较好，但是教师反思能力，对小学生安全、生理知识的掌握、对小学生行为的纠正能力等有待提高。

通过对小学教师专业素质测评的具体题目的进一步的分析，对小学教师专业素质有了更加清楚的认识。表6显示了测评分数前五位的项目，表7显示了测评分数排在后五位的项目。

表6呈现了测评前五位的项目。由表5可看出小学教师在学科知识水平，对基本的教育理论和教学工作的组织管理能力等项目上给自己打出较高的分数，说明在

新标准的实践中小学教师在对职业理解与认识领域、学科知识领域、教育教学知识领域、教育教学设计领域发展较好。

表6　　　　　　　　　小学教师专业素质发展测评前五位的项目

测评项目	平均数	标准差
贯彻党和国家教育方针政策，遵守教育法律法规	4.0920	0.9242
掌握所教学科知识体系，基本思想与方法	4.1379	0.8410
掌握小学教育教学基本理论	4.2158	0.8543
合理利用教学资源，科学编写教学方案	4.2544	0.8194
适应小学生综合性教学的要求，了解多学科知识	4.4564	0.8137

表7呈现了测评后五位的项目。由表7可看出小学教师在小学生生理知识、教育安全知识、反思能力、对小学生行为的矫正能力等项目上给自己打出较低分数，分析这些项目，可以看出小学教师在小学生发展知识领域、反思与发展领域、组织实施能力领域、沟通合作领域不能适应新标准的要求。

表7　　　　　　　　　小学教师专业素质发展测评后五位的项目

测评项目	平均数	标准差
了解对小学生进行青春期和性健康教育的知识和方法	2.5681	1.1690
主动收集分析相关信息，不断进行反思，改进教学工作	2.8228	1.1752
鉴别小学生行为和思想动向，用科学的方法防止和有效矫正不良行为	2.8256	1.0612
协助小学和社区建立合作互助的良好关系	2.8853	1.3444
了解小学生安全防卫的知识，掌握针对小学生可能出现的各种侵犯与伤害行为的预防与应对方法	2.0813	1.3430

3. 新标准背景下不同群体专业发展现状差异显著

（1）男、女教师专业发展的现状差异显著。

通过统计发现，不同性别的教师除在对职业理解与认识领域的测评没有显著差异外，在专业理念的其他领域和专业知识、专业能力维度上都有显著差异，女教师在这些方面，测评的分数普遍高于男教师。通过统计检验具体题目，分析发现，男教师在诸多基本要求上的评价分数上都显著低于女教师。但是在"具有适应教育内容、教学手段和方法现代化的信息技术知识"这一问题上，男教师的分数却要显著高于女教师。

（2）不同年龄段教师的专业发展现状差异较大。

经统计发现，不同年龄组的教师的测评分数存在显著差异。低年龄段的教师在测评分数上整体高于高年龄段的教师。在专业知识维度评价上，24岁以下教师分数明显高于其他年龄段的教师；在专业能力维度的评价上，25～39岁年龄段的教师测评分数显著高于其他年龄段教师的分数。经分析得出，低年龄段教师更容易接受教师专业标准的理念和内容，并倾向于在教学中实践这些要求。所以，对于新标准，年轻教师更容易接受与适应。

4. 新标准背景下教师专业观念与行为脱节严重

教师对新标准理念认同的评价都比较高，但是对教学中真正实践新标准理念的评价却比较低，表现出行动与理念的不一致。教师在发言时所阐述的教育观念较新，都能认识到新标准所倡导的学生为本、注重能力、终身学习等基本理念，但是在真正的课堂上却用传统的教学方法向学生传授知识，往往以应试为目的，用反复练习的方式强化学生的记忆。比如，教师都知道新标准内容中的组织与实施维度强调在课堂上灵活运用启发式、探究式、讨论式、参与式等教学方式，而且他们在课堂上也常常采用问答式等互动的教学方式，但是由于陈旧观念和原有习惯的作用，有的教师把启发教学理解为简单的提问，使其应有的功能得不到体现，从而使这些新颖的教学方式流于形式。

二、"专业标准"指导下小学教师专业发展对策

1. 在丰富教师专业知识的基础上重点提升教师的专业能力并整体提高教师专业素质

调查中显示，小学教师对于教学过程中的学科知识的掌握较好，而对于学生发展的知识掌握程度较低，尤其对于小学生的安全和生理知识的掌握有所欠缺。对于可能出现的有侵犯与伤害性行为的预防与应对的知识掌握得较少，对于小学生青春期和性健康教育的知识和方法涉及不多。与专业知识相比较，小学教师的专业能力较弱。专业能力在小学教师专业素质中所占比重较高，专业能力的提升是提高小学教师素质的重要立脚点。其中，教师群体自身应认识到自身反思与发展能力的不足。提高教师反思能力是提高教师能力的切中要义。教师必须由知识的输出型向具有多元知识结构、多元能力结构的研究者和反思型实践者转变。[1]首先，在教学过程中要对自身及教学工作进行积极主动的评价。在教学过后第一时间分析自身的长处和不足，客观地总结和评价自身的教学。其次，对自身发现的问题进行调节。在

总结自身的不足之后，及时调整和改进自己的缺陷。再其次，对教学事件进行中和进行后对整个教学事件进行反思。深入分析自身的优势劣势和薄弱环节，吸收自己在教学、评价和调节过程中自己所做之处的优点，改进自己的缺点，结合自身现实情况制定有针对性的、个性化的发展规划，为下一次的教学事件提供借鉴。在调高教师的反思能力的同时，教师的组织与实施能力、沟通与合作能力也应该收到重视。

2. 充分发挥教师的性别特点和优势分区，弥补教师自身不足

教师队伍中性别比例不平衡的问题一直存在，根据教师的性别不同，首先，应该尽可能的各取所长，充分利用教师自身的性别优势。根据调查结果，应该充分发挥男教师的强适应能力，充分利用男教师更具备的自信、独立和果敢的优势。其次，不断弥补教师身上的劣势和不足，着重增强男教师在专业领域的专业技能，丰实男教师的专业知识、专业能力。

3. 长久保持年轻教师的教学热情，有效带动高年龄段教师正视教师专业新标准

青年教师对于新的教师专业标准持有更多的激情与热情，更容易接受与适应。在新标准颁布以来，大多数的年轻教师能够转变原来的评价标准，仔细学习新标准，并按照新标准严格审视和要求自己。对于新标准的执行，大多数的年轻教师持支持的态度，然而在执行新标准期间常会出现力不从心的局面。因此，要维持年轻教师对于变革的积极性应做到：第一，形成新型教师群体人际关系，"以新带老"，使教学热情贯穿整个教师队伍之中，努力形成生动活泼、具有持久活力、积极向上的文化氛围。第二，完善对于教师专业标准评价机制，建立执行力度高的教师奖励机制，激励教师以达成标准努力。第三，组织高年龄教师了解和深刻认识新教师专业标准，让其切身了解新教师标准的优越性，从自身的日渐进步中体验新教师标准带来的益处。

4. 完善并确保执行教师专业评价标准，促进小学教师队伍建设

教师专业标准制度经历了从低标准、宽要求到高标准、严要求的完善过程。在新标准试行的过程中，一是只有整个教师教育部门、管理部门、各级各类学校以及教师自身全方位、长时间的相互配合，各方的协同合作才能为新标准的实行畅通道路。二是要做好资金保障系统，建立并完善新标准的配套评估机制。三是要建立监督机制，充分发挥教师专业标准引领和导向作用，确保教师专业标准的有效执行。

5. 提高教师培训质量，鼓励教师自主研修，自觉制定自我专业发展规划，积极进行自我评价

将教师专业标准作为自身发展的基本依据，制定自我专业发展规划，自觉增强自身专业发展,主动参加教师培训和自主研修,逐步提升专业发展水平。首先,唤醒教师的主体意识是激励教师自主研修的前提条件。让教师成为教学教研的真正的主人,增强教师自主研修意识,从主观上认识到科研能够带来的长远好处。其次,鼓励教师提高自身反思能力,在教学实践和教学总结中将一次次的反思变成一种习惯,使反思成为推进教师持久前进的助推器。再其次,通过多种渠道、多种空间革新自主研修方法,充分利用各种教育资源,不断提高自身专业素质。

小学教师职业压力与职业承诺的关系

——以吉林省白城市为例

引言

教师职业压力是压力一词在教育科学研究领域中的应用,指的是教师在教学工作中,由于工作方面的原因,如工作时间过长、工作负荷过重、班额过大、学生行为不端而导致身心疲劳过度、神经紧张、挫折、折磨等的一种不愉快的消极的情感体验。压力过大或过于持久,不仅会严重损害他们的身心健康,还会影响到教育教学的效果,影响到教师对教育事业的热情及认同程度,甚至影响教师的职业生涯发展,进而直接或间接影响青少年学生的健康发展。职业承诺是从业者对其所从事职业的心理归属感、工作努力的义务感以及继续保持从业者身份的意愿,教师职业承诺隶属教师心理健康的范畴,既是学校心理健康教育的重要组成部分,也是教师心理素质的一个重要反映和评价指标。教师职业承诺是连接教师与学校的心理纽带,与教师的工作态度、工作表现和留职意向关系密切,并影响着学校的效益和效能。许多研究指出:教师职业承诺的研究有助于学校预测教师的留职意向、出勤率、工作绩效。在快速变革的市场经济社会中,职业承诺不仅对于教师职业成长不可或缺,而且对于教师队伍的稳定也具有重要价值。国外对职业承诺的研究已有近20年的历史,而国内近几年才引起学者们的注意,承诺理论还不是很丰富,关于教师职业压力与职业承诺的关系的实证研究还未曾见到。因此,探讨小学教师职业压力与职业承诺的情形,是本文重要的研究动机。

一、对象和方法

1. 对象

采用随机抽样的方式在吉林省白城市两所重点小学(文化小学、明仁小学)

和三所农村小学进行测试，共发放问卷360份，回收360份，回收率为100%；其中有效问卷323份，有效率为83.3%。

2. 工具

中小学教师职业压力问卷采用朱从书、申继亮、刘加霞编制的"中小学教师职业压力问卷"。该问卷由46个问题组成，分别测查中小学教师的职业压力来源，问题主要采用李克特量表形式，分5点计分（没有压力、有点压力、一般、压力较大、压力很大），被试得分越高，说明其压力强度越大。中小学教师职业承诺问卷教师职业承诺量表，采用我国学者龙立荣等编制的问卷。该问卷包括16个条目，分别测量职业承诺的3个维度，即情感承诺、规范承诺、继续承诺。经检验，本研究职业承诺数据的内部一致性系数（Cronbach'a系数）为0.824。职业承诺三个维度的Cronbach'a系数分别为：情感承诺0.881，规范承诺0.788，继续承诺0.74。

3. 数据的统计与处理

使用Spss11.5统计软件包对研究结果进行分析，主要运用的统计方法有：描述性统计分析、独立样本t检验、方差分析、相关分析、回归分析。

二、研究结果

1. 小学教师职业压力与职业承诺的相关研究结果

为了探讨小学教师职业压力与职业承诺的关系，将教师职业压力、职业承诺的总体和各个维度的得分做相关分析，从分析结果可知，职业压力与职业承诺的总分在0.05水平上负相关，相关系数为 -0.127，表明职业压力大，职业承诺水平就低；学生因素、职业期望、职业压力与情感承诺在0.01水平上负相关，家庭人际与情感承诺在0.05水平上负相关；工作负荷与继续承诺在0.05水平上正相关；学生因素与规范承诺在0.05水平上负相关；学生因素与职业承诺在0.01水平上负相关；家庭人际、职业期望与职业承诺在0.05水平上负相关。

2. 小学教师职业压力对职业承诺的回归结果

为了进一步考察教师职业压力对职业承诺的预测情况，以职业压力及各维度的得分为自变量，以职业承诺整体为因变量，进行回归分析。从回归效果看，$F = 2.599^*$，$P < 0.05$，达到显著水平。从校正后的确定系数看，回归方程能解释总变异的4.6%。职业压力、自我发展、职业期望可以作为职业承诺的预测变量指标，但预测效果不明显。

三、讨论

1. 小学教师职业压力与职业承诺的关系

从分析结果可知，职业压力与职业承诺的总分显著负相关，这同埃玛和萨拉（Emma & Sarah）的研究结果一致：个体在工作环境中承受的压力大，他们就会表现出低水平的职业承诺。学生因素、职业期望、职业压力、家庭人际与情感承诺显著负相关，这表明，教师的教育对象越复杂，越难于管理，教师投入的精力也就越多，付出的代价也就越大，很容易使教师产生疲倦的心理，对教育事业的情感体验也就越低；社会、家庭、政府、家长等对教师的要求越高，期望值越大，越容易引起教师的角色冲突，进而影响教师的工作热情；另外，教师难免要处理复杂的、形形色色的人际关系，而人际关系的处理是需要一定的技能技巧的，处理不好，往往使教师的工作前功尽弃，使教师付出再多也不被人理解，这会使教师常常陷于复杂的情境中，主观幸福感会大大降低，情感上受到压抑是可想而知的。工作负荷与继续承诺在 0.05 水平上正相关，这与以往的研究不是一致的。笔者是这样认为的：即使教师感受到的工作负荷很重，但是离开该职业会给个人带来很大的损失，再寻找另一份工作也不是一件很容易的事情，也不一定有教师这个职业稳定，因此，即使苦点、累点，也还是继续从事着该职业。学生因素与规范承诺存在负相关，遇到学生难于管理的时候，有时真的找不到一个比较好的教育方式，尤其是面对大班额的班级，学生多，想法多，出现的状况更多，难以管理，难以控制，又不被家长、孩子、领导认可的时候，教师往往感慨万千，怀疑自己这样付出到底值不值得，往往对以往的教育理念产生怀疑与困惑，导致规范承诺降低的现象。换句话讲，教师的压力过大，往往容易产生倦怠的现象。以往的研究表明，职业压力与职业倦怠显著负相关，职业压力高，职业倦怠严重。

2. 小学教师职业压力对职业承诺的预测作用

考察教师职业压力与职业承诺的具体关系，我们发现，尽管职业压力的总分与职业承诺的总分显著负相关，职业压力的各维度与职业承诺的各维度也显著相关。但是，从回归效果来看，只有自我发展、职业期望和压力总分进入了回归方程，也仅能解释职业承诺 4.6% 的变异量，这说明，职业压力与职业承诺之间的关系是非常复杂、微妙的，值得我们进一步研究。

特岗教师发展现状的调查及问题分析

——以吉林省梨树县为例

一、调查计划与实施

本研究主要利用问卷调查法,辅之以访谈法,对吉林省梨树县特岗教师发展现状进行深入了解。通过对梨树县各镇中小学的走访,与特岗教师的个人、集体访谈,对其工作和生活环境的近距离观察,问卷的发放、回收、整理、数据统计,把农村特岗教师最真实的发展现状准确呈现。

调查研究从四个维度切入,分别是:基本信息、工作和生活现状、专业发展现状、职业认同感现状。问卷题型包括单选题、填空题、多选题、开放性试题。针对问卷中无法提到的细节问题,为了使调查更加完善,特别编制了特岗教师访谈提纲和校长访谈提纲。

本研究对吉林省梨树县各镇中小学按地理方位进行分层抽样,对各镇中小学特岗教师进行随机抽样,以保证样本的科学性和代表性。调查期间共发放问卷192份,除去无效问卷,回收有效问卷180份,有效回收率为93.75%。同时,随机抽取19位不同性别、年龄、任教学科、任教学段的特岗教师进行了个人访谈,同7位特岗教师所在中小学的校长进行了访谈,并组织了三所学校的特岗教师进行了集体访谈。

二、发展现状问题阐述

1. 基本信息

表1对调查对象的基本信息进行了统计。

表1　　　　　　　　　　　特岗教师基本信息

项目	水平	人数	百分比
性别	男	34	18.9
	女	146	81.1
年龄	22～23岁	16	8.9
	24～25岁	48	26.7
	26～30岁	110	61.1
	31～35岁	6	3.3
	36岁以上	0	0
学历	本科	166	92.2
	大专	14	7.8
任教学段	小学	107	59.4
	初中	73	40.6
入职时长	一年	40	22.2
	两年	54	30.0
	三年	86	47.8
毕业院校	师范类	156	86.7
	非师范类	24	13.3

从表1中可以看到，调查对象的男女性别比例呈女多男少的趋势；年龄在24～25岁、26～30岁这两个区间所占比例最大，特岗教师队伍呈现出年轻化的态势；学历方面最高学历是本科的教师占92.2%，大专仅占7.8%，符合国家以本科生为主，师范类大专生为辅的政策；师范类院校毕业生占86.7%，非师类院校毕业生占13.3%，特岗教师队伍中，师范院校毕业生依然占据主导，成为中坚力量。

2. 工作和生活现状

（1）学科教学。

调查对象在所教学科方面分布较为平均，语文、数学、英语、政治、历史、地理、生物、物理、化学、音乐、体育、美术、信息技术等科目均有涵盖。如图1所示。

从图1中可以看出，音体美信息技术教师占总量的23.3%，改变了农村中小学学科结构单一的局面。虽然学科分布较为均衡，但是访谈中有人反映，实际教学中存在一人教两科甚至多科的情况，如：教语文的老师同时教数学，教物理的老师同时教化学和生物,这种情况屡见不鲜。访谈中还有老师谈及这一问题时表示,除此之外他们还要兼任班主任工作,工作压力和工作量很大。笔者对所学专业与所教学科的一致性以及研究对象的任教状况进行了统计,得出表2和图2的数据。

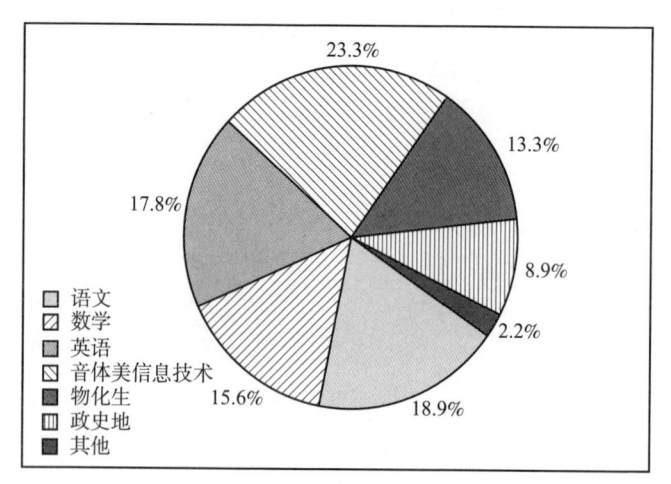

图1　特岗教师任教学科

表2　　　　　　　　特岗教师所学专业与所教学科的一致性

结果	人数	百分比
是	138	76.7
否	42	23.3

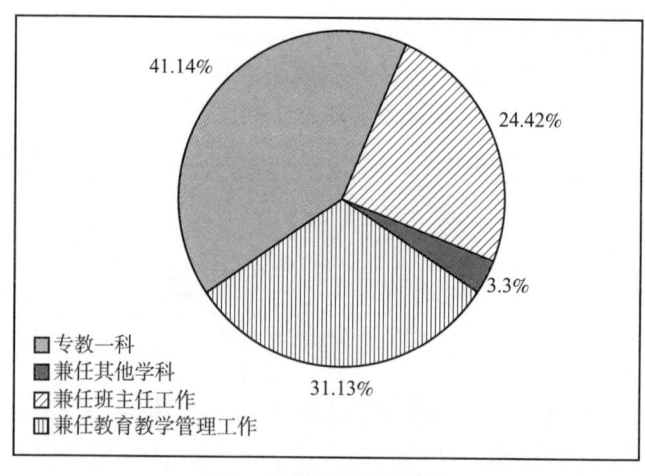

图2　特岗教师任教状况

如表 2 所示，所学专业与所教学科一致的教师占样本总量的 76.7%，所学专业与所教学科不一致的教师占样本总量的 23.3%。由此可知，调查对象所教与所学大体上保持一致。图 2 中，专教一科的教师仅占总量的 31.13%，而有兼任其他工作的教师占 68.87%。

如果这还不足以说明特岗教师的工作量问题，图 3 与图 4 分别统计了调查对象每周的课时总数及所教班的平均班额。

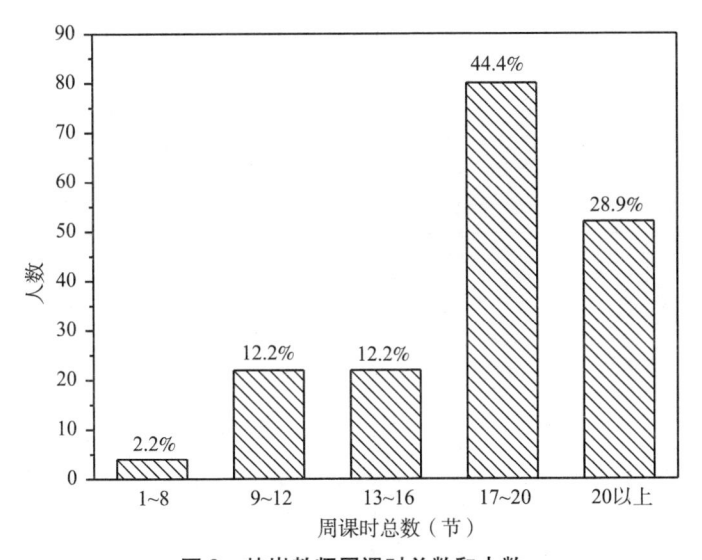

图 3 特岗教师周课时总数和人数

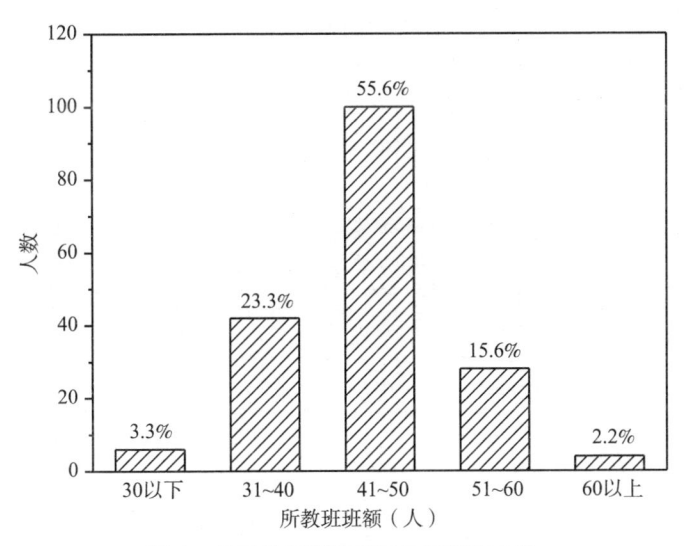

图 4 特岗教师所教班平均班额和人数

图 3 中调查对象的周课时总数集中在 17~20 节、20 节以上两个水平线上，分别占 44.4% 和 28.9%，远远多于城市中小学教师的周课时总数，同时，略高于一般农村中小学教师的周课时量。图 4 中所教班平均班额情况，在 41~50 人这个水平线上出现了峰值，达到 55.6%，占总数过半。

综上所述，调查对象在学科分布方面较为均衡，丰富了农村初等教育的学科结构；所教学科与所学专业大体上保持一致，在一定程度上促进了特岗教师专业化发展；通过对研究对象任教状况、周课时总数、所教班平均班额的数据统计，印证了之前谈到的梨树县特岗教师工作压力和工作量很大的说法。

（2）论文发表。

表 3 对调查对象的论文发表情况做出统计。

表 3　　　　　　　　　　　特岗教师论文发表情况

项目	水平	人数	百分比
入职后发表论文	未发表	146	81.11
	校级刊物	4	2.22
	区市级刊物	4	2.22
	内部交流刊物	4	2.22
	省级以上刊物	20	11.11
	其他	2	1.11

计算得出调查对象入职后的论文发表率约为 18.89%，经过进一步统计得出发表两篇及两篇以上论文的人数为 3 人，占发表论文人数的 8.8%。

（3）工资待遇。

按照政策规定，特岗教师的工资由国家专款和地方财政共同承担，在具体施行过程中，特岗教师的工资待遇究竟如何呢？表 4 和表 5 分别统计了调查对象的月工资总额和非工资性福利收入情况。

表 4　　　　　　　　　　　特岗教师月工资总额

项目	水平（元）	教师（人）	百分比
月工资总额	1000 以下	0	0
	1000~1500	0	0
	1500~2000	130	72.2
	2000~2500	50	27.8
	2500~3000	0	0
	3000 以上	0	0

表 5　　　　　　　　　　　特岗教师非工资性福利

项目	水平（元）	教师（人）	百分比
非工资性福利	没有	164	91.1
	100 以下	12	6.7
	100～200	4	2.2
	200～400	0	0
	400 以上	0	0

从表 4 中可以看出，调查对象的月工资水平集中在 1500～2000 元、2000～2500 元两个区间里，并通过访谈得知不同乡镇间特岗教师的工资总额差距不大。表 5 所示是调查对象非工资性福利收入的统计结果，没有获得该类收入的调查对象占总量的 91.1%，获得 200 元以下该类收入的占 8.9%。

（4）继续教育。

调查特岗教师继续教育现状的 2 道主观题、1 道客观题，涉及入职后继续教育的必要性、继续教育的方式、职后培训三个方面。

表 6 为调查对象入职后接受继续教育必要性的统计结果，从"非常有必要""有必要""无所谓""没有必要""完全没有必要"五项，分别评定为 1 分、2 分、3 分、4 分、5 分，并以此当作定距数据，得到平均值和标准差，平均值越低代表着调查对象越肯定接受继续教育的必要性。平均值 1.53 在 1 和 2 之间，说明绝大部分被试认为接受继续教育很有必要。对他们想要进行继续教育的方式进行调查后发现：85.6% 的被试选择了培训，43.5% 的被试选择了考察学习，41.8% 的被试选择了脱产学习，27.3% 的被试选择了自学，18.9% 的被试选择了函授，8.7% 的被试选择了其他。此项数据表明，被试想要接受继续教育的意愿十分迫切。

表 6　　　　　　　　　特岗教师职后继续教育的必要性

项目	M	SD
入职后继续教育的必要性	1.53	0.75

3. 专业发展现状

特岗教师专业发展现状被分为专业知识、专业能力、专业情意三个维度进行调查。同时，把特岗教师专业发展的影响因素也进行了问卷调查。

（1）专业知识。

表 7 对特岗教师 6 大方面的专业知识展开调查，6 个项目视为定距数据，包括

"相当丰富""丰富""一般""贫乏""比较贫乏",分别评定为1~5分,做平均值和标准差计算,得出数据,平均值越低代表被试的专业知识越丰富。统计结果见表7。

表7　　　　　　　　　　　特岗教师的专业知识

题号	项目	M	SD
1	普通文化知识	2.14	0.65
2	教育学及心理学知识	2.32	0.68
3	学科专业知识	1.80	0.66
4	教学方法和技术知识	2.30	0.63
5	相关学科知识	2.31	0.65
6	计算机及网络知识	2.57	0.84

(2) 专业能力。

表8调查的是特岗教师8大方面的专业能力,8个项目视为定距数据,包括"很强""强""一般""弱""很弱",分别评定为1~5分,做平均值和标准差计算,得出数据,平均值越低代表被试的专业能力越强。统计结果见表8。

表8　　　　　　　　　　　特岗教师的专业能力

题号	项目	M	SD
1	教学表达能力	2.09	0.66
2	师生交往能力	1.96	0.62
3	课堂组织和管理能力	2.09	0.71
4	现代教育技术应用能力	2.43	0.78
5	板书能力	2.40	0.72
6	教育科研能力	2.64	0.68
7	教育教学创新能力	2.50	0.74
8	教学反思能力	2.28	0.69

(3) 专业情意。

表9设计了6道题考查特岗教师的专业情意,6个项目视为定距数据,包括"非常重要""比较重要""重要""不重要""非常不重要",分别评定为1~5分,做平均值和标准差计算,得出数据,平均值越低代表被试的专业情意越成熟。统计

结果见表9。

表9　　　　　　　　　　特岗教师的专业情意

题号	项目	M	SD
1	课堂上能够激发学生的学习兴趣和热情	1.34	0.60
2	教学过程也是同学生沟通感情、交流的过程	1.36	0.59
3	学生得到发展是教师事业上的成功	1.39	0.59
4	特岗教师的光荣使命使您具有莫大的责任感和挑战意识	1.58	0.83
5	喜欢并热心组织和积极参与学生课外活动	1.52	0.74
6	经常向管理者提出教育教学建议	1.67	0.87

（4）影响专业发展的因素。

表10设计了8个特岗教师专业发展的影响因素，8个因素视为定距数据，包括"很有帮助""有帮助""很少有帮助""没有帮助""无此经历"，分别评定为1~5分，做平均值和标准差计算，得出数据，平均值越低代表对教师专业发展的影响越大。统计见表10。

表10　　　　　　　　　特岗教师专业发展的影响因素

题号	项目	M	SD
1	上级部门的评价	1.89	0.98
2	校园文化气氛	1.63	0.63
3	学校管理制度	1.71	0.80
4	专业培训	1.46	0.62
5	外出开会交流	1.62	0.79
6	阅读书籍期刊	1.41	0.58
7	家庭的支持	1.48	0.75
8	同事的日常交流	1.44	0.69

4. 职业认同感现状

（1）职业认知。

问卷中涉及特岗教师职业认知现状的调查有2道题。首先，考查的是被试对特岗教师这一职业的主观看法，结果见表11。

表 11　　　　　　　　　　　特岗教师的职业认知

项目	水平	人数	百分比
对特岗教师职业的看法	牺牲自己为国家和社会做贡献的工作	32	17.8
	既做贡献又有乐趣的工作	120	66.7
	一种很普通的职业没有什么特别之处	14	7.8
	一种谋生的职业	6	3.3
	一种枯燥而乏味的职业	8	4.4

从表 11 中可以看出，大部分被试对职业的看法是积极的、正面的，只有小部分人对特岗教师这一职业看法消极，存在抵触情绪。对调查对象能否胜任特岗教师这一职业进行提问，55.6%的被试认为自己"完全胜任，而且游刃有余"，44.4%的被试认为自己"基本胜任，能基本完成工作"。通过对各乡镇中小学校长的访谈，了解到特岗教师在整个学校教育教学团队中属于佼佼者。因此，笔者认为关于特岗教师胜任力的数据统计真实可靠。

（2）职业情感。

调查特岗教师的职业情感，首先要了解调查对象对自己角色身份的主观感受，统计结果见表 12。

表 12　　　　　　　　　　　特岗教师的职业情感

项目	水平	人数	百分比
被强调特岗教师身份时的感受	非常自豪	66	36.7
	有点自豪	46	25.6
	没感觉	58	32.2
	有点自卑	6	3.3
	非常自卑	4	2.2

大多数被试对自己角色身份的主观感受是积极正面的，也有一部分人对角色身份并不敏感，少部分人被提及特岗教师的身份时感到自卑。面对"特岗教师这一职业带给您的是什么？"的提问，34.4%的被试认为是"响应国家号召的自豪感"，42.2%的被试认为是"理想实现的成就感"，15.6%的被试认为是"一种谋生的手段，没什么特殊感情"，7.8%的被试认为是"烦琐工作的疲惫感"。

（3）职业预期。

职业预期是特岗教师对自己未来的一种规划，调查职业预期可以看出特岗教师工作的稳定程度，以及以后工作的方向。在笔者所设定的特岗教师可能离职的原因当中，有47.3%的被试选择在三年任期内"不会离职"，接近半数，可见特岗教师工作的稳定性相当高。不容忽视的还有28.9%的被试会因为"薪酬低"而存在离职的潜在可能。在未来的工作方向选择上，42.2%的被试选择留本校任教，28.9%的被试选择去条件更好的学校任教，22.3%的被试选择无论何时何地都会从事教育教学相关工作，4.4%的被试选择改行从事其他工作，2.2%的被试选择任期内如果不满意会离开。

三、发展现状问题分析

1. 工作和生活现状

（1）"学"与"教"的不一致。

"学"与"教"的一致性问题，会直接影响到教师能否胜任现有的工作与专业发展的利弊趋向。23.3%的特岗教师长期任教自己非所学专业的学科，会出现新学科知识储备不足和专业能力不足等问题，而且不使用和更新所学专业的知识，也会导致专业知识的遗忘和专业能力水平的下降，这些问题都非常不利于教师的专业发展。还有更大一部分特岗教师一人"身兼数职"，他们甚至在教语文、数学的同时兼任地理、美术学科的教学，或者教物理的同时，兼任化学、历史学科的教学，这一现象在访谈中极为普遍。某些学科之间确实联系比较紧密，如化学与生物，不过，如美术和化学之间的关联就不大。教育管理者在安排特岗教师任教其专业以外的科目时，参照的并非是学科间的关联程度，而是缺什么科目的教师，就让他们顶上。这样做的后果是无法发挥其专长并达到预期的教学效果，且分散了特岗教师学科的专注力，阻碍其专业发展。

当然，考虑到农村义务教育的现实状况，音乐、美术及史地、物化等学科教师的缺乏，这样做也许并非出自教育管理者的本意。在访谈中，S学校主管教学的副校长就谈及他们学校的特岗教师专业分布不均衡的问题，乡镇中小学很难一下子招到合适的人才，特岗教师学科分布不合理、"被借调"等情况时有发生。

（2）工作量大，成就感普遍不高。

许多特岗教师身兼两科甚至数科教学任务，这同时也反映了工作量大的问题。体现在课堂教学中，我们最直观能够看到的就是特岗教师的周课时总数，44.4%的特岗教师周课时总数为17~20节，28.9%的特岗教师周课时总数为20节以上。而特岗教师每节课要面对多少学生呢？55.6%的特岗教师所教班的平均班额为41~50人，也就是说一半以上的特岗教师每节课需要面对将近50名学生。保守估计一下周课时总数为20节的话，7成以上的特岗教师平均每天要上4节课。这还并没有算日常的早自习、出操、备课、批改作业和管理班级的工作。

大工作量带来的身体和心理上的压力，加上家长对学生学习的不重视，对学校教育的不配合，很容易让特岗教师产生负面的情绪，这些负面情绪会直接影响到他们教育教学工作的开展，久而久之，必然会使教师的职业成就感降低，职业倦怠感加重。

（3）工资偏低，层次区分不大，社会保障缺失。

吉林省梨树县在执行特岗政策时，采取了统一基本工资的政策，目前统一后的基本工资为2000元。一些学校会根据课时量的增加和兼任班主任工作，给予教师额外的课时费和班主任费补助。但是因乡镇财政的好坏和学校的不同，一些教师没有拿到这部分补助。这就在少部分学校出现了工作量大的教师和工作量一般的教师，工资水平差不多，层次区分不大的情况。

国家在特岗教师政策中，明确提出了要落实特岗教师的社会保障。然而，在访谈中，特岗教师们普遍反映，五险一金都没能落实。尤其是医疗保险，一位特岗女教师表示，她的一位同学也是特岗教师，在聘任期内生了一场大病，由于没有参保医疗保险，不得不自己付全部的医药费用。

（4）生活条件有待改善，食宿水平有所提高。

特岗教师的生活状况是本研究着重关注的一点。通过访谈笔者了解到，尽管他们在努力克服各种困难，但很多问题依然需要国家、政府、社会给予他们更多的帮助。

乡镇中心中小学里，存在着拖欠特岗教师工资的现象。这种情况不只出现在一所学校，受到影响的特岗教师人数可见一斑。一些较为偏远的乡镇中小学，无法为特岗教师提供可供学习、备课、查阅资料的计算机，甚至于教师自己有计算机设备，而学校无法提供网络支持。影响到了特岗教师对外界信息的了解，而且为学习、科研、备课带来很大的不便，阻碍了特岗教师科研水平的提高和专业发展。一些乡镇中小学没有多媒体设备，导致一些科目的教学效果被大打折扣。特岗教师平时的工作非常忙碌，压力大，工作之余也没有什么解压的办法。男教师们可以运动一下，打打篮球或者乒乓球，女教师们多数选择通过看书来排解压力。

（5）学校交通闭塞，工作无法兼顾家庭、婚姻。

农村地处偏僻，经济落后，导致道路交通等基础设施建设薄弱。特岗教师是促进农村基础教育发展的新生力量，特岗政策正是为了改善农村教育现状应运而生的。虽然大多数特岗教师是怀着为农村义务教育奉献自己的决心而来的，但是客观上交通的闭塞，还是为特岗教师的工作和生活带来了很大的困扰。

（6）教育科研普遍不受重视，科研能力较弱。

考查对象对教育科研能力的评价多趋近于"一般"水平，是所有能力自我评价中最弱的一项。当访谈中被问及"有哪些科研成果"时，很多特岗教师表示，不理解为什么特岗教师要参与教育科研。一些人认为：教育科研应该是专家、学者和科研工作者的事，他们不需要参与这些。另外一些人认为：作为一名特岗教师，一名教育实践者，只要做好本职工作就好了，教育科研只能是副业。还有一些人提出了没有参与教育科研的客观原因：除了每天的教育教学工作，还要处理很多校内日常琐碎的事情，根本没时间反思教学、钻研科研。

但是，对于一名教育工作者来说，教育科研应该是与之息息相关的。教育科研是一个从实践中来，到实践中去的过程，是把实践升华成理论，再用理论指导实践的过程。

（7）肯定继续教育的必要性，呼吁增加职后培训。

作为一名21世纪的特岗教师，每个人都要树立终身教育的理念，而继续教育则是保证教师专业发展的动力源泉。继续教育的方式有很多种，包括脱产学习、考察学习、函授、自学等。而培训作为继续教育中一种最常见的、效果显著的方式，被大家所喜爱。调查显示，有85.6%的调查对象选择了把培训作为自己继续教育的方式，而职后培训的现实状况却令人担忧，40%的调查对象选择了没有参加过职后培训。调查问卷中的最后一道开放性问答题："您认为当前特岗教师在专业发展方面亟待解决的问题是什么？"近九成的调查对象，呼吁开展各种形式的培训，可见特岗教师对专业培训的渴望。

2. 专业发展现状

（1）整体趋于良好水平，但后劲不足。

本研究主要对特岗教师专业发展的现状进行调查，通过特岗教师的问卷回答情况和各乡镇中小学校长访谈情况的汇总，发现梨树县特岗教师专业发展整体趋于良好水平。

在访谈中发现，大部分特岗教师把注意力全都放在了教学任务的完成上，然而，他们却忽略了自我反思在实践中的价值。所谓"磨刀不误砍柴工"，教学实践经验的积累很重要，不过更为重要的是把实践通过自我反思升华的过程。在实践中不断反思、不断提炼是教师专业发展过程中的重要环节，特岗教师们应该加以重视。由于日常工作量大，教学压力大，很多特岗教师表示根本没有时间通过学习来丰富自己。然而，那些地处偏僻，条件落后的农村中小学，根本无法为特岗教师提供基本工作和生活以外的任何教育资源，差距不言而喻。多数特岗教师表示，以往培训的重点是教师队伍整体素质的提升，难以兼顾个体差异，于个人来讲，针对性不强。这些问题阻碍着特岗教师专业发展前进的步伐。

（2）专业知识广度和深度有待加强，受某些因素影响差异显著。

从专业知识问卷的数据中可以看出，特岗教师作为农村教师队伍里的高学历人群，专业知识的整体水平很高，学科专业知识非常扎实。然而，他们的专业知识中也存在短板。"计算机及网络知识""教育学及心理学知识"以及"相关学科知识"相对欠缺。知识与知识之间是相互联系的，每一类知识在教育教学实践中都有着重要作用。教师的专业知识越广博，越能把学科进行整合，并能做到知识的迁移。教师的专业知识越深入，越能提炼学科的精髓，并能做到融会贯通。因此，想要推动特岗教师的专业发展，必须加强专业知识的广度和深度。

（3）专业能力发展不均衡，科研和创新能力较差。

问卷中所列的八项专业能力，都是特岗教师在教育教学实践中必须具备的能力。从统计数据中可以明显看出，与课堂教学息息相关的三项专业能力最强，即"教学表达能力""师生交往能力""课堂组织和管理能力"；"教育科研能力"和"教育教学创新能力"在八项专业能力中最弱；男性特岗教师的"现代教育技术应用能力"普遍强于女性特岗教师。这些问题充分说明了特岗教师专业能力发展不均衡，相较于科研与创新能力，他们更愿意锻炼增强自己的传统课堂教学能力。然而，创造是使事物从无到有的过程，创造力的缺失必将阻碍特岗教师专业发展水平由量变到质变的飞跃。

（4）专业情意发展已日趋成熟。

专业情意问卷部分的六道题被划分为四个维度进行调查，即专业理想、专业情操、专业自我、专业性向，分别对应的是2题和5题、4题、3题、1题和6题。从统计数据中能够看出，特岗教师的专业情意发展已日趋成熟，这与他们奉献于农村基础教育的职业动机是息息相关的。高尚的职业动机使特岗教师迅速成长为有理想、有情操、有见识，有预见性和奉献精神的独立个体。

（5）专业发展须加强交流、沟通与合作。

如果把特岗教师专业发展影响因素的调查数据进行统计后，由强到弱排序，便得到以下结果：第一，阅读书籍期刊；第二，同事间的日常交流；第三，专业培训；第四，家庭的支持；第五，外出开会交流；第六，校园文化气氛；第七，学校管理制度；第八，上级部门的评价。

我们可以清楚地看到，排在前四位的影响因素强调特岗教师自身的努力，而排在后四位的影响因素强调特岗教师与外界的交流。这说明大多数特岗教师认为专业发展应该是个人的事，与上级部门、学校和外界的关系不大。但是，事实上与相关部门和人员的交流、沟通与合作是不可或缺的。特岗教师不应该过分强调个体的作用，专业发展应该是内外合力作用的结果。特岗教师要加强与各方面的交流、沟通与合作，充分利用各种有利条件，促进专业发展水平的提升。

3. 职业认同感现状

（1）职业认同感整体水平较高，工作和生活条件未达到预期值。

特岗教师职业认同感现状的调查问卷由三个维度组成，根据统计数据显示，特岗教师的职业认知水平较高、胜任力较强，职业情感状态也保持在高水平线上。总的来说，梨树县特岗教师对职业保持着积极向上的乐观态度。不过，大多数特岗教师在访谈中表现出了对工作和生活现状的失望和担忧，认为现实状况和入职前的预期相距甚远，无法完成他们当初的职业规划。

（2）学校间实力差距逐渐拉大，特岗教师群体稳定性有待增强。

笔者在对梨树县各乡镇中小学的走访中发现，学校的办学规模不尽相同，有的相差甚远。学校之间巨大的差距必然会对特岗教师的职业认同感产生影响，调查中发现28.9%的调查对象选择了三年服务期满后去条件更好的学校任教。

不过，在同一所学校中特岗教师的去留，受到职业认同感的影响很大。L镇中心小学就是一所总体条件相对落后的学校，同样身处在工作量大、工资水平较低的环境下，职业认同感水平高的特岗教师表示三年期满后愿意继续留任，而职业认同感水平低的特岗教师表示三年期满后会离开L校。L学校校长在访谈中表示，一些特岗教师的心不稳，留不住，特岗教师群体的稳定性堪忧。身处于条件落后的中小学的特岗教师群体稳定性有待增强，如何留住人才已成为教育管理者们所面临的一大难题。

（3）收入的满意程度对职业认同感影响巨大。

调查中发现，28.9%的特岗教师会因为不满意收入状况而存在离职的潜在可能。当职业认同感与收入的满意程度呈负相关时，即使职业认同感水平高，大部分特岗教师也会因为收入低而选择离开。这一调查结果符合马斯洛的需要层次理论，人们对收入的需求层次低于职业认同感的需求层次，因此，要先满足了较低的需求层次，才能满足更高的需求层次。

新课标理念下小学英语教师应具备的素养

《全日制义务教育英语课程标准（实验稿）》（以下简称《标准》）的试行，标志着我国英语课程改革进入深入发展阶段。《标准》对英语课的性质、地位、目标及课程的基本理念都有所规划。而小学英语教师的素质，是积极推进小学英语课程改革的先决条件，是提高小学英语教学质量的有效保障。所以，在英语新课程标准的理念下，小学英语教师应具备哪些素养，我们必须进行深入研究。

一、小学英语教师的专业知识素养

《标准》指出，小学阶段英语教学的重点是在"听、说、读、写、训练上，引导学生养成良好的语音，正确地听、说、读、写习惯和运用英语的习惯"。这就要求小学英语教师要掌握必备的英语学科基础知识。小学英语教师在英语学科知识方面要全面掌握现代大学英语、语音学、词汇学、语法学、英美文学等学科知识。在基本技能方面，全面具备听、说、读、写、译等技能，要求学习听力、朗读、翻译等基本知识。小学英语教师只有准确无误地掌握英语语言知识才有可能发展成语言能力，才能保证所教知识的正确性。

小学英语课要以话题为中心进行教学，突出实践，突出培养学生综合运用语言的能力。所以小学英语教师在知识素养方面还必须熟悉小学英语的16个话题，即个人信息、学校生活、朋友、动植物、玩具、文具、人体、食品、服装、时间、颜色、天气、节日、文化等16个方面的知识。

增强对英语国家文化意识的把握。这是《标准》倡导的新理念，旨在让学生接触和了解英语国家的文化，它有益于对英语的理解和运用，有利于培养学生的世界意识，提高跨文化交际的能力。这就要求小学英语教师要了解英语国家的文化背景和风俗习惯、价值观念、宗教信仰、文学艺术、历史地理等，树立"跨文化意识"，在文化中教语言，在语言中学文化。小学英语教师只有充分了解所教语言的文化内涵和文化精神，准确地把握英语世界各民族的文化特点与民族性格，熟知其自然人文景观，才可能在教学中根据学生的特点，教会他们进行认识和交流，提高他们对中外文化的鉴别能力。

二、小学英语教师应具备良好的语音素养

《标准》指出小学阶段英语课程的目的是"激发学生学习英语的兴趣,培养他们英语学习的积极态度,使他们建立初步的学习英语的自信心;培养学生一定的语感和良好的语音、语调基础,使他们形成初步用英语进简单日常交流的能力,为进一步学习打下基础"。而语音、语感的培养必须要求小学英语教师具备较高的语音修养。因为学生年级越低,年龄越小,教师在语音方面的责任就越大。要使处在低年龄段的小学生英语发音准确,就必须有语音素养较高的教师才能让他们听到标准的发音,从而为学生进一步学习英语打下良好的基础。

在小学英语教师的语音素养提高方面:一是要注重48个音素发音要准确,口型状态与活动要到位。如英语元音中的单元音,有很多学生该长的不长,该短的读不短,该圆的收不圆,教师要注重纠正。二是在语调方面,教师要熟练地掌握基本的语调调型,在教认字和读句时应注重语调正确,并培养学生使用正确的语调,只有语调娴熟自如,才能使教师所表达的意义准确无误。三是在语流方面,要注意英语特有的节奏特点。要注重掌握单个的音以后,再把音连起来成为调,进而连成句,形成节奏。教师要通过多听、多练、多体会,才能感受到语流中诸多语音现象和各种变化,以此增强自己的语感,最终达到发音准确,节奏运用合理得当。

三、小学英语教师应具备的教育素养

《标准》指出要"关注学生的情感,营造宽松、民主、和谐的教学氛围""倡导'任务型'的教学途径,培养学生综合语言能力""准确把握课程标准的理念、目标和内容,运用教育学、心理学理论,研究语言教学的规律""发展课程教学的调控和组织能力,灵活运用各种教学技巧和方法"。所有这些都要求小学英语教师应具备教育学、心理学、小学英语教育学、小学外语心理学、儿童心理学、心理语言学、小学英语教育科研方法等学科知识,这样才能充分了解小学生的心理发展规律,充分掌握小学英语教学的教学规律。总之,要全面提高小学英语教师的教育理论素养。

小学英语教师的教育素养应包括教育理论素养和英语教育能力素养,英语教育评价和科学研究素养等方面。教育理论素养主要指教师对教育科学理论知识的掌握,能恰当地运用教育学和心理学基本概念、范畴,学会处理教育教学中的各种问题,能清晰地表达自己的教育思想和教育设想。英语教育能力素养主要是指英语知识的再创造能力,营造和谐宽松的教学氛围的能力,英语教育实践能力等。小学英

语教学研究素养是指探索小学英语教学规律，用以指导英语教学实践的素养，它是小学英语教师的专业素养、教育和创新素养的集中体现。

《标准》指出"评价是英语课程的重要组成部分，科学的评价体系是实践课程目标的重要保障，要注重形成性评价对学生发展的作用，更注意评价方法的多极性和灵活性"。所以要求小学英语教师还要进一步学习教育统计学、教育评价学、外语教育测量与评价等教育类课程，用以指导教育实践、教学研究。从而不断提高对英语教育的研究能力和评价水平。

四、小学英语教师应具备良好的信息素养

《标准》指出："小学英语教学应尽量采用多种媒体的现代化教学手段，充分利用录音机、VCD、广播、电视、网络等设备技术，创设良好的语言环境和充分的语言实践机会。"现代信息技术将成为学生学习英语的强有力的工具，它将改革学生的学习方式，使学生乐意并有更多的精力投入到现实的、富有情趣的英语学习活动中去。小学英语教师要根据《标准》及《基础课程改革纲要（试行）》的要求，注重信息技术与学科教育的整合。这就要求小学英语教师必须具备良好的信息素养。

在信息素养方面小学英语教师要做到捕捉信息的敏锐性，筛选信息的果断性，交流信息的自如性和应用信息的独创性。小学英语教师在英语学科与信息技术整合方面要求做到把信息技术、信息资源、信息方法、人力资源与小学英语课程有机地结合，以实现课程目标。这就要求小学英语教师不断提高网络信息素养，进一步学习现代教育技术知识、互联网知识，学习新的多媒体课件的制作与开发，善于把小学英语教学内容编制成电子文稿、多媒体课件、网络课程并提供给学习者，作为学生的教学和学习资源。所以网络信息素养高的小学英语教师一定能善于汲取网上精华，获取信息，并把这些信息适时地展现给学生，再加上自己绘声绘色的描述，就会把学生带入一个生动、直观、图文并茂的英语学习的情境之中，从而加强学生对所学知识的理解。有条件的话，教师还应该向学生介绍一些好的网站，鼓励并引导学生通过网络获取信息，并进行交流。

五、小学英语教师的实践素养

《标准》在"基本理念"部分指出"采用活动途径，倡导体验参与""让学生在教师的指导下，通过感知、体验、实践、参与和合作等方式，实践任务的目标，感受成功"，在"内容标准"部分，针对3~6年级要实践一级和二级语言技能目标，强调"听说读写，玩演视听"。凡此种种都强调小学英语教学要重实践、重体

验，要会做游戏，会表演会演唱，这也必然要求小学英语教师要加强实践素养的提高。小学英语教学实践性的重要体现是加强英语课程内容与小学生生活的联系与沟通；变读书、答问的单调形式为课堂上充盈丰富多彩的语言实践活动。这就是说小学英语教师的实践素养是让每个小学生动脑、动口、动手，让讨论、游戏、欣赏、评价进入课堂；让英语教学生动活泼，让英语实践活动贯穿于整个教学过程。

小学英语教师的实践素养是一个综合的素养，是理论与实践密切结合的体现，是与小学生英语学习、生活实际紧密结合的。教师实践素养的发挥要以训练小学生的"综合语言运用能力"为目标，以体现《标准》的要求。这也势必将小学英语教师由从一个讲授者变成英语学习环境的创造者，一个课堂资源的提供者，一个实践方法的指导者。小学英语教师具备了这些实践素养就能将小学生真正地带入英语学习领域，使学生身临其境地体会英语、会学英语、学会英语。

六、小学英语教师应具备美学素养

《标准》在"课程目标结构"部分对3~6年级要达到的一、二目标中指出"能根据教师的简单指令做游戏、做动作、做事性（如涂颜色、连线）""能根据所学教学内容表演小对话或歌谣"。这些都要求小学英语教师要具备审美素养，要具有音乐美术等基本功，这样才能对学生的活动给予正确的指导。

英语教学不仅要教给学生英语语言知识，还应注重学生情感培养，更应注重审美情感的培养，使之成为"完整""丰满"的人。要培养学生的审美情趣，教师首先必须具备较高的美学素养。对小学英语教师的美学素养要求是比较高的，其审美品位应该是和谐又优雅的，和谐让学生感受到恬静与陶醉，优雅让学生崇敬、向往。这种审美应体现于小学英语教学内容的呈现上，教学手段的先进上，教学程序的设计上。如优秀的英语歌谣故事、诗歌往往包含着丰富多彩的感情，博大精深的思想深邃幽远的意境，精致优美的语言。教学中如果能如意识运用，能使学生自然而然地受到熏陶，纯洁心灵，开阔视野，增长知识，使小学生接触和了解英语国家的文化，有益于对英语的理解和使用，有益于培养世界意识，并能感受到语言文字的优美和伟大，更加了解英语国家的优秀文化。

《语文课程标准》视野下小学语文教师应具备的素养

在基础教育改革中,小学教育是基础的基础,小学课程改革的有效实施对整个基础教育的课程改革的顺利进行有举足轻重的作用。教育部在《全日制义务教育语文课程标准(实验稿)》(简称《标准》)中对语文课程的性质、特点、地位、目标及课程的基本理念都有所规划,这也必然对小学语文教师应具备的素养提出了更新更重要的要求。

一、小学语文教师要具备良好的人文素养

《标准》指出:语文是最重要的交际工具,是人类文化的重要组成部分,是工具性和人文性的统一,是语文课程的基本特点。与历届大纲相比,人文性是《标准》在语文课性质认识上的一个显著特点,并作为一条红线贯串于整个《标准》之中,这就要求小学语文教师要具备较高的人文素养。"人文"按现代汉语解释是指人类社会各种文化现象。"素养"是指平日的修养,即指一个的理论、知识、艺术、思想等方向的水平。所以小学语文教师在人文素养方面:首先必须具备丰富的社会科学知识,在自身的知识结构总体中,应把历史、哲学、语言学、考古学、法学、文艺批评与历史、伦理以及历史和哲学方法等社会各种科学文化知识纳入自己的知识结构总体中,并加强上述方向的修养。人文性是语文的重要性质之一,语文是"最具有社会文化、民族文化、历史文化的课程",它还具备了其他学科所无法一体涵盖的伦理、道德、艺术、审美、情感、哲学思想等因素。文以载道、载情、载史、载文。另外,语文本身也是民族文化的重要组成部分,是与人的社会历史文化、与人的具体生命活动紧紧相连的。只有这样,小学语文教师才能对小学语文教材中的材料加以整合处理,为学生的语文学习展示丰富的历史现实背景,创设出语文知识应用的现实情景来。其次要掌握比较宽厚的语文学科知识,小学语文教师要在语文知识方面全面掌握现代汉语、古代汉语、古典文学、外国文学、文学理论等语文学科知识,要在听说读写方面要有较强的能力。对这些必须达到全面扎实尽可能做到精通,对其所有问题都能做到知其然,知其所以然,举一反三,触类旁通。

如《标准》要求 1~6 年级背诵古今诗文 160 篇，对这些篇章小学语文教师必须首先精通掌握。所以对于小学语文教师来说，只有学习掌握丰富的文学知识，具备欣赏文学作品的能力，才能在语文教学中得心应手，左右逢源。

二、小学语文教师必须具备良好的教育素养

《标准》在教学建议中的第一条就是"充分发挥师生双方在教学中的主动性和创造性""语文教学应在师生平等对话的过程中进行"。

在学习方式上，《标准》强调必须"积极倡导民主、合作、探究的学习方式"。这种在教学及学习方式上的变革，要求小学语文教师必须具备良好的教育素养。小学语文教师的教育素养应包括教育理论素养、语文教育能力素养及语文教学研究素养等方面。教育理论素养主要是指小学语文教师对教育科学知识的掌握，能够恰当地运用教育学和心理学的概念、范畴、原理，处理教育教学中的各种问题，能清晰地表达自己的教育思想和教育设想。语文教育能力素养是指识字写字教学能力、阅读教学能力、作文教学能力、口语交际教学能力的综合。小学语文教学研究素养是指探索小学语文教育规律，用以指导语文教学实践的素养，它是小学语文教师的专业素养、教育和创新素养的集中体现。小学语文教师的教育素养是小学语文教师整体素养的重要组成部分，它决定教师教学水平的好坏。这就要求小学语文教师要进一步学习掌握教育学、心理学、儿童教育心理学、教育统计学、小学语文教学论等教育科学知识，用以指导小学语文教育教学实践。

三、小学语文教师应具备良好的科学素养

《标准》指出："现代社会要求公民具备良好的人文素养和科学素养……"科学素养是指人们通过实践所获得的掌握和运用科学的能力。

随着现代科学技术的发展，自然科学、社会科学将不断融合，与语文学科联系密切，也必然反映到语文教学内容中来，语文学科的基础工具性和综合性的特点，使它的触角伸到几乎所有领域。如小学语文第六册课本中《赵州桥》《毕昇》《李时珍》等课文涉及科学技术知识，而《海底世界》《春蚕》等课文又涉及自然环境知识等等。天真的小学生也许会问语文老师："天为什么是蓝的""血为什么是红的"，这些涉及物理、生物等方面的知识，不能因为你是一个小学语文教师而不去回答，所以必须提高小学语文教师的科学素养，使小学语文教师对自然科学的某些知识掌握到相当的深度和广度，才能做到文理渗透、中外渗透、史学渗透。

小学教育是基础的基础，小学语文教师作为知识的传播者，一定要不断提高自身的科学素养水平。因为小学语文教师还承担着向小学生传播科学精神的重任，小

学语文教师的教学素养应包括三个方面的内容，即对科学知识的了解、科学过程和方法的掌握及科学对社会的影响的基本了解。目前，我国小学语文教师的科学素养还有很多地方不令人满意，尤其是对一些新知识的掌握，对科学过程方法的了解，仍然有许多工作要做。我国目前已开展了小学教师培养的本科教育，这对提高小学语文教师的科学素养必然起到积极的促进作用。

四、小学语文教师应具备创新素养

《标准》在总目标中明确指出："发展思维能力，激发想象力和创造潜能。"同时《标准》在课程建设上强调大教育观，即克服语文课程孤立、封闭、凝固、僵化等种种弊端，在大教育观的指导下，实行课程内容、课程实施等的根本变革，构建开放创新而富有活力的语文课程体系。所有这些都要求小学语文教师要具备较强的创新素养。教育要创新，首先要具有一批创新素养的教师，只有创新型的教师，才能实施创新教育，才能培养出创新型的学生。小学语文教师的创新素养最重要的是有引导创新意识，其核心是推崇创新、追求创新、以创新为荣。小学语文教师具备创新素养才能在教学中开发学生的创造潜能，培养学生的创新意识和创新能力。具有创新素养的小学语文教师，才能在教学中营造民主宽松的学习环境和学习氛围，培植学生学习的自信心和主动意识，鼓励独立思考，自主探究合作学习，激活想象力和创新思维。

五、小学语文教师应具备良好的信息素养

《标准》指出："语文课程应植根于现实，面向世界，面向未来。应拓宽语文学习和运用的领域，注重跨学科的学习和现代化科技手段的运用，使学生在不同内容和方法的相互交叉、渗透和整合中开阔视野，提高学习效率。"所以小学语文教师必须具备信息素养，它包括意识与信息伦理道德、信息知识以及信息能力。信息能力是指捕捉信息的敏锐性、筛选信息的果断性，评估信息的准确性，交流信息的自如性和应用信息的独创性。小学语文教师要根据《标准》及国家《基础课程改革纲要（试行）》的要求，注重信息技术与学科教育的整合。这就要求小学语文教师必须具备网络信息素养，掌握一定的计算机网络操作技能，学会使用常用的工具性软件，开发和利用网上信息资源为教学服务。小学语文教师可以把语文教学内容转化为信息的学习资源，并提供给小学生，即可以把课程内容编制成电子文稿，多媒体课件、网络课程等，教师把这些信息适时地展现给学生，再加上自己绘声绘色的描述，就会把学生带入一个生动、直观的学习情境，加深他们对学习的理解。

六、小学语文教师应具备美学素养

《标准》前言指出:"要重视提高学生的品德修养和审美情趣",在总目标中又指出:"要逐步形成积极的人生态度和正确的价值,提高文化品位和审美情趣"。所有这些叙述,都给我们传达这样一个信息:语文教学,不仅要教给纯语言知识,还应注重学生的情感培养,注重学生的审美情趣的培养,使之成为"完整""丰满"的人,而要培养学生的审美情趣,教师首先必须具备较高的美学素养。小学语文教师的美学素养要求是比较高的,其审美品位应该是和谐又优雅的。和谐让学生感受到恬静和陶醉,优雅让学生崇敬、向往。这种审美应体现于语文教学内容的呈现上、教学手段的先进上、教学程序的设计上。如优秀的诗文往往包含着丰富多彩的感情,博大精深的思想,深邃幽远的意境,精致优美的语言。教学中如果有意识地运用,能使学生自然而然地受到熏陶,纯洁心灵,开阔视野,增长知识,使学生掌握传统文化的精髓,感受语言文字的优美和伟大,更加热爱民族优秀文化。

七、小学语文教师的实践素养

《标准》多次从不同角度指出,语文知识的教学和训练不能代替语文实践和实践中的经验积累。在"教学建议中"指出:"语文教学要注重语言的积累、感悟和运用,注重基本技能的训练。"在"评价建议"中指出:要让学生"在诵读实践中增加积累,发展语感,加深体验和领悟"。凡此种种都强调语文教学要重实践、重体验,也必然要求小学语文教师要加强实践素养的提高。语文教学的实践性的重要体现是加强语文课程内容与课外与生活的联系与沟通,变读书、答问的单调的形式为课堂上充盈丰富多彩的语文实践活动。这就是说小学语文教师的实践素养主要表现是让每个学生动脑、动口、动手,让讨论、游戏、表演、欣赏、评价进入课堂,让语文实践活动贯穿于教学的全过程。

小学语文教师的实践素养是一种综合的素养,是理论与实践密切结合的体现,是与学生语文学习、社会实际紧密联系的。教师实践素养的发挥要以训练学生的语文能力为目标。教师实践素养的发挥将使小学语文教师由从一个讲授者变成一个语文学习环境创造者,一个课堂资源的提供者,一个实践方法的指导者。小学语文教师具备了这些实践素养,就能将学生真正地带入语文课程领域,使学生身临其境地体会语文、学会语文、会学语文。

《数学课程标准》视野下小学数学教师应具备的素养

在基础教育改革中,小学教育是基础的基础,小学课程改革的有效实施,对整个基础教育的课程改革的顺利进行有举足轻重的作用。教育部在《全日制义务教育数学课程标准(实验稿)》(以下简称《标准》)中对数学课的性质、特点、地位、目标及课程的基本理念都有所规划,这也必然对小学数学教师应具备的素养提出了更高更新的要求。

一、小学数学教师的专业知识素养

《标准》将数学内容分为:"数与代数""空间与图形""统计与概率""实践与综合应用"四个领域,并且按学段分别具体阐述了这四个领域的内容标准,这就要求小学数学教师在数学专业知识方向应加宽加厚(但不能达到中学数学教师的相对专门化)。具体地说,在现在的小学课程中,设有"空间与图形",即初步的几何知识,所以学习一些空间解析几何的知识是非常必要的;而对于"统计与概率"的初步知识在小学数学教材中地位的提高,小学数学教师还必须掌握一些概率统计方面的知识,这样才能教好学生如何选择恰当的统计方法,整理和分析数据,并了解统计的全过程。而"数与代数"知识在小学的增强,要求小学数学教师了解运筹学、组合论、图论、离散数学、线性规划等应用数学知识,因为这些内容在小学数学游戏活动及思考题中均有所涉及。所以,学习一些代数的初步知识——数论知识(不需要专门化),就显得尤为必要。另外小学数学教师还应学习一些数学思想方法、数学史、数学教育史、数学竞赛知识,对人类认识数学的历史、现状和新的发展趋势有所了解。上述数学专业知识能使小学数学教师较全面的掌握数学的基本理论、基本方法,树立正确的数学观,并具备从事小学数学教学的研究能力,从而能够提高小学数学教师的整体数学专业素养。

二、小学数学教师应具备的教育素养

小学数学教师的教育素养应包括教育理论素养和数学教育能力素养,数学教育科学研究素养等方面。教育理论素养主要指教师对教育科学理论知识的掌握，能恰当地运用教育学和心理学基本概念、范畴，学会处理教育教学中的各种问题，能清晰地表达自己的教育思想和教育设想。数学教育能力素养主要是指数学知识的再创造能力，数学教育实验能力对学生进行发展性评价的能力。小学数学教师的教育素养是小学数学教师整体素质的重要组成部分，它决定教师教学水平的好坏。小学数学教师要进一步学习小学教育学、心理学、儿童教育心理学、教育统计学、小学数学教育论等教育科学知识，用以指导教育实践、教学研究，从而不断提高对数学教育的研究能力。

《标准》在数学课程目标中加入了课程性目标，即学生的发展性领域，这就要求教师要有比较全面的数学教育能力。《标准》中提到了一至三年级"学生的思维具有具体形象的特点"，四至六年级"学生仍以具体形象思维为主，但他们的逻辑思维能力有了初步的发展"等。《标准》在学习方式上要求：学生共同参与到探索性的学习过程中，建立学习数学的信心，树立正确的学习数学的态度，提到"人人学到有价值的数学，人人都能获得必要的数学，不同的人在数学上得到不同的发展"，认为"学生是数学学习的主人，老师是数学学习的组织者、引导者、合作者"，所有这些都要求小学数学教师应具备教育学、心理学、小学数学教育论、小学数学教育科研方法等知识，了解学生的心理发展规律，充分掌握小学数学的教学规律，一句话就是要全面提高小学数学教师的教育理论素养。

《标准》在课程实施建议中指出："数学教学是数学活动的教学，是师生之间、学生之间交往互动与共同发展的过程""让学生在生命具体的情境中学习数学""引导学生独立思考与合作交流"。这种教学方式、学习方式的变革也必须要求教师要具备较高的教育理论素养。

三、小学数学教师的人文素养

《标准》认为数学学科不仅仅是具有基础性、工具性，还有人文性。"数学又是人类的一种文化，它的内容，思想方法和语言已经成为现代文明的重要组成部分。"《标准》还在课程资源开发与利用中指出："要将数学与其他学科密切联系起来，从其他学科中挖掘可以利用的资源（如自然现象、社会现象和人文遗产）来创设情境，利用数学解决其他学科的问题。"例如，可以让学生从数学角度研究生物问题、物理问题、环保问题和社会科学中的某些问题。所有这些都要求要加强小学数学教师的人文素养。因此，小学数学教师要具有广博的普通文化知识和广博的相关学科知识。在《标准》中的课程实施建议中时时出现："在广泛的背景中理解和认识""重视创设现实情境"，这充分说明小学数学教师要有除专业知识素养以外的人文修养，包括社会学、哲学、语言学、逻辑学、历史学等各个方面的知识。

只有这样，小学数学教师才有可能对显示生活中的材料加以整合和处理，为学生的学习提供和展现丰富的历史、现实背景、创设出数学知识应用的现实情境来。

四、小学数学教师的网络信息素养

《标准》的基本理念之一是"现代信息技术的发展对数学教育的价值、目标、内容以及学与教的方式产生重大影响"，现代信息技术将成为学生学习数学和解决问题的强有力工具，它将改变学生的学习方式，使学生乐意并有更多的精力投入到现实的探索性和数学活动中去。《标准》在课程实施建议中指出："一切有条件和能够到创造条件的学校，都应使计算机多媒体、互联网等信息技术，成为数学课程的资源，积极组织教师开放课件。"因此，小学数学教师要加强网络信息素养，它包括捕捉信息的敏锐性、筛选信息的果断性、交流信息的自如性和应用信息的独创性。同时，小学数学教师还要注重小学数学学科与信息技术的整合，即把信息技术、信息资源、信息方法、人力资源与小学数学课程有机地结合，以实现课程教学目标。这就要求小学数学教师不断提高网络信息素养，进一步学习现代教育技术知识、互联网知识，学习新的多媒体课件的制作与开发，善于把小学数学内容编制成电子文稿、多媒体课件、网络课程，并提供给学习者，作为学生的学习资源。所以，网络信息素养高的小学教师一定能善于汲取网上精华，获取信息，并把这些信息适时地展现给学生，再加上自己绘声绘色的描述，就会把学生带入一个生动、直观、图文并茂的数学学习的情境之中，从而加深学生对所学知识的理解。有条件的话，教师还应该向学生介绍一些好的网站，鼓励并引导学生通过网络获取信息，进行交流。

五、小学数学教师应具备应用数学素养

《标准》在课程目标中指出："学生应初步学会运用数学思维方式去观察、分析现实社会，去解决日常生活中和其他学科学习中的问题，增强应用数学的意识。"同时，《标准》新增加了实践与综合应用的内容。所有这些都要求培养学生应用数学的意识，因此，小学数学教师应具备应用数学的素养。数学作为一种精确的语言，不但具有重要的形式训练价值，而且具有重要的应用价值，不但是提高学习思维能力的有力手段，而且是学生认识世界的一种工具，数学已经进入到整个社会，数学的影响和作用可以说无处不在，所以用数学的意识立足是一种重要的数学素养，是小学数学教师必须具备的素养。

《标准》特别强调"建立数学模式和数学文化"，而任何一项数学的应用，首先是数学模式方法的应用，数学建模的过程是数学思想方法应用的过程，能将实际

问题抽象为数学问题，从而形成比较完全的数学知识，同时也是解决实际问题的真实的、生动的创造性的过程，小学数学教师必须具备这一本领。小学数学教师也必须充分认识到《标准》对数学应用价值的重视，认识到通过数学教学，提高自身的应用数学的素养，并帮助学生树立起应用数学的意识，这是数学教育的重要任务。

六、小学数学教师应具备创新素养

《标准》在课程目标中指出：使学生"具有初步的创新精神和实践能力，在情感态度和一般能力方面都能得到充分发展"；在课程实施建议中指出："要善于激发学生的学习潜能，鼓励学生大胆创新与实践，要创造性地使用教材。"这就是说要培养学生的创新意识、创新能力，教师是否具备创新意识创新能力是一个重要因素。小学数学教师的创新素养是按照小学数学教学的目的任务，开展主动积极的创新思维，对原有的知识和经验进行重新加工综合，从而创造出新的设想。教育要创新，首先要具有一批创新素养的教师，只有创新型的教师，才能实施创新教育，才能培养出创新型的学生。小学数学教师的创新素养最重要的是有创新意识，其核心是推崇创新、追求创新、以创新为荣。小学数学教师具备创新素养才能在教学中开发学生的创造潜能，培养学生的创新意识和创新能力。具有创新素养的小学数学教师，才能在教学中营造民主宽松的学习环境和学习氛围，培植学生学习的自信心和主动意识，鼓励独立思考，自主探究合作学习，激活想象力和创新思维。

小学数学教育在整个基础教育中占举足轻重的地位，小学数学教师的创新素养直接关系到小学数学教育能否为学生创新能力的培养提供保证。

新课程视野下教师教学技能的新取向

新基础教育课程已于2001年秋季在全国27个省市38个实验区开始试行。这必将使基础教育课程和改革受到人们的普遍关注和重视。新基础教育课程改革的核心理念之一是，促进每一个学生的发展。而以学生发展为中心的课程改革无疑是需要教师的配合，这就给教师提出了更高的要求。教师作为教学活动的基本要素。在教学过程中的教学技能的发挥程度，将直接影响教学活动的性质和人才培养的质量，新基础课程的实施将导致教师的教学技能发生重大变化。所谓教学技能是指教师在课堂教学中依据教学理论，课程理论，运用专业知识和现代化教学手段，使学生掌握学科基础知识、基本技能，并受到思想品德教育所采用一系列教学行为方式，它是教师的职业技能，是作为一个教师必须掌握的基本功。

一、新基础教育课程学习方式的变化要求教师必须加强教学的调控技能

调控技能是指教学中教师对师生之间的信息交流，起到引导调控和组织保证作用，使学生在积极愉快的求知气氛中获取知识，实现师生情感共鸣，使课堂教学同步的技能。新基础教育课程倡导具有"主动参与、乐于探究、交流合作"为特征的新的学习方式，鼓励学生积极主动、富有个性的学习。"主动学习"是指在教学条件下，学生自觉地担负起学习责任的学习。新基础教育课程强调学生是学习的主体，提倡学生参与确定学习目标，强调学生在学习过程中自己制订计划，并进行自我监控。"乐于探究"是指从学科领域或现实社会生活中选择和确定研究主题，在教学中创设一种类似于科学研究的情境，让学生自主独立地发现问题，通过实验操作调整、信息收集处理、表达与交流等探索活动获得知识技能的学习过程。"合作学习"是指学生在小组和团队中为了完成共同的任务，有明确责任分工的互助性学习，以上这些学习方式要求教师必须具备调控技能。教师要"控制"教学顺利进行，一方面要在教学中注意采用多种方法、措施，把学生的注意吸引到教学内容中去，要在教学中注意建立良好的教学秩序，以确保在规定的教学时间内完成教学任务。如在探究中鼓励学生尽量提出问题，互相启发而不作任何评价，或故意唱反

调，引起学生争议，但教师要善于控制整个过程。在合作学习过程中，教师要注意学生在学习过程中的表现与动作，学生在合作探究学习过程中出现"争执不下"的现象是很正常的，教师在进行调控时要特别注意尊重学生，既要维护好教学秩序，又不能轻易伤害学生的自尊心，否则教学秩序会更加混乱，所以在进行合作探究学习的过程中，教师要发挥好"调控者"的作用。另一方面，教师可以提出带有启发性的问题进行调控。高质量的问题可以调动学生积极思维，探究合作学习方式下教师的提问要灵活多样，富有启发性，要设计出不同层次、不同深度的问题，从而较好的引导学生进入控制范围，实现预定目标。在有教学中教师要经常注意到学生的反馈信息，以便在整个教学控制过程中实现准确及时的动态调节，以期待教学过程沿着控制的方向前进。最后教师还要注意教学内容数量、质量是否失控，教学进度是否过快，教学强度是否过高，教学情感是否失控，如师生情绪是否饱满，心情是否愉快等。这些教师都要有效的控制。

二、新基础教育课程改革中学习方式的变化要求教师要加强沟通技能

新基础教育课程所倡导的主动、探究、合作的学习方式必然要求学生之间积极承担完成共同任务的责任，积极相互支持配合，特别是面对面的促进性的互动，期望所有的学生都能进行有效的沟通，从而为不同层次的学生提供参与学习、体验成功的机会。这就要求教师首先要具备沟通技能。因为成功的教学虽取决于许多因素，但其中一个重要的因素是师生之间的沟通质量。主动、探究、合作的学习方式下，如果教师不具备良好的沟通能力，将会造成教学上的混乱，使局面很难控制。教学中的师生沟通可理解为：师生通过语言、表情、手势等工具进行双向交流信息的互动过程。这一过程中教师传递的信息被学生所接受，学生提供的反馈信息被教师收集，从而形成师生双方都满意的结果。所以，在主动、探究、合作的学习方式下教师应首先注意培养学生的沟通能力，这是师生沟通的基础。一方面，教师要注意创造情境，在活动交往中培养学生的沟通能力，也就是教师为学生创设某种具体生动的语言环境或组织某种活动，让学生在实际生活场景中进行观察、体验，在教师指导下进行沟通。另一方面，教师要及时强化，适当反馈，逐步培养学生的沟通能力，即在实际沟通中，当学生正确表达时，教师要给予强化。其次，在教学中教师沟通技能的发挥要注意运用手势、动作姿势、面部表情等这些非语言行为来传达信息，教师一个信任的目光，一个赞赏的微笑，一个肯定的点头，都会给学生带来巨大的精神力量。最后，通过评价进行师生沟通，课堂教学活动是师生之间的信息双向交流活动，在课堂教学活动中，教师不仅是信息的传播者，而且还是出色的评价者，在主动、探究、合作的方式下，学生要经常发表见解，教师必须做出正确评价，使学生及时纠正学习中的错误，强化学习效果，从而调动学生学习的积极性。

这种积极评价能使学生产生积极的情绪体验，从而愿意与教师进一步沟通。

三、新基础教育课程内容的变化要求教师必须具备实践技能

新基础教育课程中，课程内容的变化，特别是"综合实践活动课"的提出，要求教师要具备实践技能。综合实践活动课程是基于直接经验，密切联系学生自身生活与社会生活的一种课程形态，其主旨在于使学生获得丰富的学习经验和真切的体验，形成对自然社会和自我的整体认识与责任感，形成较强的实践能力和创新意识，以及养成合作分享进取等个性品质。这种课程形态要求教师必须具备较强的实践技能。这种技能绝对不是一种单纯的动手能力，而是一种综合的技能，是理论与实践密切结合的技能，是与学生生活与社会实际紧密联系的技能，教师如果不具备此种技能，则无法更好地培养学生。因为教学实践技能的发挥要以训练学生的实践能力、创造性解决问题能力、社会适应能力为目标，教师实践技能的发挥将使教师从一个讲授者变成一个实践环境的创造者，一个课堂资源的提供者，一个实践方法的指导者。综合实践课程特别强调要以学生自主活动为主要学习方式，强调通过学生的观察、操作、探索、调查、游戏等具体的生活实践活动来进行学习。这就要求教师在课前要深入调查，了解学生已有的知识和生活经历，找准切入口，让学生在教学活动中充分发挥自主性，自觉的参与活动，主动的进行学习，使每一个学生都能在原有的基础上获得新知识，新技能，形成新能力。同时，教师要根据不同的教学内容，不同的教学环境，充分考虑和尊重学生的不同个性和能力，采用不同的学习方式，提高多层次的活动要求，使每一个学生都能以自己喜欢的、擅长的方式进行学习，掌握知识技能，建立自信心，成为学习的主人，教师具备了这些实践技能，就能将学生的生活世界真正带入课程领域，使学生身临其境地体会生活、学会生活。

四、新基础教育课程体系要求教师必须加强教学演示技能

新基础教育课程体系中，信息技术教育与学科课程整合，要求教师必须加强教学演示技能。信息技术与课程整合是指在课堂教学过程中把信息技术、信息资源、信息方法、人力资源和课程内容有机地结合，以实现课程目标，完成相应的课程教学任务的一种新教学方式。在这种方式下，教师要把教学内容转化为信息化的学习资源并提供给学习者共享，即可以把课程内容编制成电子文稿、多媒体课件，网络课程等，教师用来进行教授或作为学生的学习资源。这种把信息化资源，作为课程教学的教材资源也就是教师开发或学习创作的素材，整合到与课程内容相关的电子文稿课件之中，整合到学习者的课程学习之中并演示给学生的技能，我们统称之为

教学的演示技能。

　　教育部在《关于中小学普及信息技术教育的通知》中指出：努力推进信息技术与其他学科教学的整合，鼓励在其他学科教学中广泛应用信息技术手段，并把信息技术教育融合在其他学科教学之中。所以在新基础教育课程教学中，教师的教学演示技能显得尤其重要。加强教学的演示技能，一方面教师要根据教学目标对教材进行分析和处理，决定用什么形式，呈现什么内容，并以课件和网页的形式呈现给学生，学生接受了学习任务以后，在教师的指导下利用教师提供的资料进行个别化或协作式相结合的自主学习，最后师生共同进行评价反馈。这种教学技能能充分发挥教师的主导作用，同时以多种方式，多种手段帮助学生学习，能进一步调动学生学习的积极性。另一方面教学演示技能的发挥能帮助师生一起完成研究性学习任务。这种技能的方式是利用信息技术作为课程学习和学习资源的获取工具，作为情境探究和发现的工具，作为协商学习和讨论的工具，作为知识构建和创作实践的工具，教师作为指导者，学生作为积极主动的学习者，以类似科学研究的方式在信息技术的帮助下，获取信息、交流信息完成学习任务。所以，教师要具备上述技能，则必须掌握信息技术知识，能熟练制作带有动画效果的电脑课件并能熟练演示，熟悉互联网，以适应基础教育课程改革的需要。

　　总之，新基础教育课程的教学中，教师的教学技能的新取向不能完全否定传统的教学技能，如"导入技能""教学语言技能""板书技能""提问技能""组织教学技能"等，我们必须使这些传统的教学技能与上述教学技能结合起来，并使传统技能实现某些转变，才能真正适应基础教育课程改革的需要，以促进学生全面发展。

第二编　小学教育专业的课程改革

　　根据小学教育专业培养目标、规格及培养模式的要求,我们构建了"三性一体"的课程体系。所谓"三性",一是高等教育体系中本科专业课程体系的共性——大学普通教育,即开设大学公共课;二是教师教育体系中本科专业课程体系的个性——双学科或双专业教育,即开设学科专业课程与教育专业课程;三是本科小学教育专业特性——其学科类课程应体现综合性教育与专业方向教育相结合的原则,其教育类课程应体现高师教育基础课程与具有小学教育特点的教育专修课程相结合的原则。所谓"一体",就是整个课程体系的构建应该融知识、能力、素质结构为一体。因此,我们构建的课程,在内容结构上由体现高等教育共性、高师教育个性和小学教育特性的三大类课程的若干课程模块组成:

　　一是通识课程。凸显卓越小学教师人才培养对通识性知识和基本素养的要求，包括两大模块课程：一是大学生思想品德素质课程，主要是"两课"；二是小学教师必备的文化科学和科技、艺术素养，主要是外语、现代教育技术、体育、大学语文、中外文化简史、科学与技术、中国传统文化等。

二是全科课程。着力回应当代小学教育对全科教师的诉求以及《教师教育课程标准（试行）》对课程设置的要求，设立全面的学科专业课程与教育专业课程。学科专业课程包括现代汉语、大学数学、儿童文学、数学思维方法等必修课；同时还包括道德与法治、科学、综合实践活动、音乐、体育、美术等选修课程；教育专业课程，包括教育原理、课程与教学论、教育心理学、教育科研方法、班级管理等必修课程和各科教学等选修课程。

三是专长课程。着眼于学生的个人兴趣和发展需求，设立专题讲座课程，培养学生的专业优长，提升学生的研究能力与可持续发展潜能。主要包括四类：一是提升小学各科教学技能的课堂教学艺术类课程；二是提升学生科学研究能力的选题技巧、论文撰写与发表等课程；三是提升学生现代教育技术能力的微课制作、多媒体技术、网络文化等相关课程；四是提升学生专业成长的名师导训、职业生涯规划等课程。

四是实践课程。科学构建由"德育实践、专业实践、科技实践、文体实践、社会实践、就业实践"六项实践组成的全程化实践育人体系，切实反映卓越小学教师培养对学生实践能力的要求。开设实习实践、生产劳动、军训、毕业设计、"三字二语二仪一画"课程等等。其中"三字"课程即以教学毛笔字、钢笔字、粉笔字为核心的写字、书法课程；"二语"指聚焦学生汉语、英语的"教师口语""英语语音训练"等课程；"二仪"指关注教师形象的"教师形体训练""教师礼仪训练"等课程；"一画"指儿童简笔画课程。

地方高师院校教师教育课程改革的探索

随着我国基础教育课程改革的推进，教师专业发展重新进入人们的视野。地方高师院校在师资培养方面具有举足轻重的地位。这不仅仅是因为地方高师院校具有其他高师院校不可比拟优势，而且因其独有"本土"特色，发挥着为地方经济服务的功能。长期以来，地方高师院校在教师教育课程方面也面临同样的问题：教师教育课程仍然局限于教育学、心理学和学科教学论三门课程和部分实习课程的教学。这种课程的致命弱点——教育观念滞后、课程结构单一、教材内容陈旧、教学方法枯燥，长期禁锢着教师教育的效果，挫伤了学生的学习积极性，直接制约着教师专业化水平的提高。作为一所地方高师院校，吉林师范大学在教师教育课程改革方面进行了积极的探索，并在实践中得到初步应用，取得了一定的成效。

一、教师教育课程改革理念与目标定位

我国教师教育课程标准突出强调以学生发展为中心，以实践为导向，以终身学习为理念。在我国教师教育课程理念指导下，结合学校的特点，我们提出了教师教育课程改革的基本理念。

1. 教师教育课程改革的基本理念

（1）强调以学生发展为核心。

教师的专业意识不仅仅关系到教师对自我角色的认同与定位，而且关涉到教师未来发展，是教师专业发展与提升的潜在动力。作为教师专业意识的核心是人为本的观念，就是始终把教育人作为自己职业的核心。育人为本就是要求教师教育课程应引导未来教师树立正确的儿童观、学生观、教师观与教育观，掌握必备的教育知识与能力，参与教育实践，丰富专业体验；引导未来教师因材施教，关心和帮助每个幼儿、中小学学生逐步树立正确的世界观、人生观、价值观，培养社会责任感、创新精神和实践能力。

(2) 以实践为基本导向。

以实践为导向并非要求所有教师教育课程都要倾向于以教育实习、见习的形式呈现。实践取向具有两个方面的含义：第一，关注学生实践能力的提升，注重教师的实践性知识养成。因为，事实上，在教师做出决策的情境之中，多数场合与其说是意识化了的知识与思考，不如说是无意识的思考和暗含知识、信念发挥着巨大的作用。第二，关注现代基础教育实践问题，养成对教育问题的思考意识。

(3) 终身学习为理念。

教师专业发展是持续不断的过程，而终身学习正是教师专业发展不竭的动力。对终身学习而言，师范生在高师院校学习期间主要关注几个方面：第一，树立终身学习的理念；第二，教给学生终身学习的方式方法。第三，使学生具备终身学习的能力。

2. 教师教育课程改革的目标

基于上述教师教育课程改革的理念，根据根据学校的特点，我们确定教师教育课程改革的目标如下：

(1) 教师教育课程建设要符合党的教育方针和人才培养的总目标，遵循高等教育教学工作的基本规律，深化教育教学改革。

(2) 本着"宽口径、厚基础、强能力、广适应"的人才培养思路和"通、实、活、用"及整体优化的原则，着力构建我校教师教育课程体系，积极探索学分制下教师教育课程建设。

(3) 突出为地方经济建设、社会发展和基础教育新课程改革需要服务的功能。

二、教师教育课程结构的改革

我国目前的教师教育课程基本仍然延续结构主义的模式："学科专业课程＋教学理论课程＋短暂毕业实习"，然而事实证明，这种看似知识面全覆盖的模式也有其缺陷性，忽略了教师工作特有的"实践性"的感知，而仅凭教师个人在教育实践中的"悟性"，没有相关科学方法的指导引领，很难确保大量普通教师的教学实践能力的提升。[4]尽管传统教师教育课程存在一定弊端，但是仍然存在一些合理的因素。我们所进行的教师教育课程，尤其是教育类课程的研究实际上拓展深化了原有公共的教师教育课程，打破原来的老三门，形成了理论实践并重，必修选修并举的教师教育课程建设结构体系。

1. 三位一体的课程结构

教师教育课程结构三个部分组成：学科专业课程，教育类课程、实践类课程。

学科专业课程是教师教育课程的基础，是师范生从事教育教学工作必备的基础理论知识。这种知识表明"一个专业既是一种高度复杂的熟练的工作，又是一种根植于知识的专业行为，而这些知识在学院、大学、实验室、和图书馆里产生、测试、丰富、被否定、转化并建构起来的"。[5]

教育类课程一直被看作是高师课程的特色，它不仅为学生提供丰富教育教学理论知识，而且对于拓展学生教育理论视野，提升教师的自我反思、教育教学研究能力。教育类课程不仅局限在原有的老三门，而是在原有基础上的拓展与深化。针对以往课程中，学生教育研究能力相对较弱的倾向，增加教育科学研究方面的内容，使具备初步的研究能力，为教学和科研相结合的教师奠定基础。

实践类课程是教育课程的基本组成部分之一。在教师教育课程中，实践主要方式的教育见习、教育实习。通过这类课程，学生可以更好地了解中小学教育的现状。在教育教学过程中，教师要有扎实的专业基础即学科知识，但教师不能满足于仅仅将学科知识罗列于自己的知识体系中，成为单纯的知识向度的存储物，而要在教育教学过程中，将其与受教育者知识经验、心理发展结合起来，也就是要把学科"教育学化""心理学化"，变成有利于传授的知识。[6]学生通过教育实践，把所学知识融入到自己的知识体系中，从而不断提升自身的能力。

2. 必修与选修并举的课程类型

长期以来，教师教育课程总是以必修的面孔出现，成为一种大家必须接受的"钦定"课程。从教师教育发展的趋势看，课程日益以学生为本，关注学生的发展，满足学生个体发展的需要。因此，在教师教育课程改革，改变传统的必修课程设置，采用必修与选修结合方式。

三、重构教师教育课程内容

教师教育具有双专业的特点。这种双专业的特点要求其既要关注学科专业，又要关注教育学专业。教育科学的发展和基础教育的改革对教师素质要求越来越高，已不满足于师范毕业生仅能完成知识传授的任务，还要求他们能做班主任，能从事教育科学研究与实验，能针对青少年的心理进行有效的思想品德教育，能开展和组织丰富多彩的班级活动。[7]根据上述考虑，我们提出了以课程群为主体重建教师教育课程内容。

1. 构建教师教育课程群

在教师教育课程改革中，我们着重进行教育类课程群的建设。教师教育课程群主要由于5大类构成：教育学类课程、心理学类课程、教师职业技能类课程、教师教育实践类课程、教育方法类课程。教师教育课程群的主要优势在于：第一，强调教师教育素质的整体性，使教师教育课程成为一个整体，注重教师需要与技能之间的必然联系，为教师整体素质提升奠定基础。第二，学生学习目标更见明确。由于课程整合后各门课程的教学目的分工明确，内容相对独立、教学连贯而系统，因此学生对课程群各门课程的学习目的更加明确，从而进一步调动了学生的学习积极性和主动性。第三，有利于全校教师教育资源的整合；第四，突出学生主体性。教师教育课程采用必修和选修的两种方式，学生可以根据自己需要选择课程进行学习。

2. 教师教育课程内容更新

在相关课程群基础上，我们在教师教育课程内容和体系建设方进行探索。在这个方面，纪国和教授主持《教师教育类课程建设的理论和实践研究》和《教师教育优质系列教材研究与实践》，李朝辉副教授主持的《高校公共教育学教学内容和方法的改革与实践》都进行了相关的研究。在上述研究的基础上，我们对教师教育课程，尤其是教育类课程内容进行更新。为了应对教师教育内容和体系的改革，我们编写并出版了教师教育系列教材，这些教材包括《大学生毕业论文指导书》《教师职业技能训练教程》《教学论》《班级管理》《教育心理学》《心理咨询与辅导》等。在出版高质量教材的同时，我们还出版了《课程与教学论》《教育学》《高等教育学》《心理学》等教材作为教材补充。这些教材密切结合教师教育专业实际，兼顾学科建设、精品课建设，考虑学生可持续发展；突出学术性、实用性和教师教育专业的特性；确保教材内容体系，体现时代性和发展性。

四、教师教育课程实施与保障措施

教师课程实施是关键，为保证教师教育课程顺利进行，为此，我们采取多种保障措施。

1. 制订富有教师教育特色的学分制方案

在教师教育课程理论研究的同时，我们教师教育实践方面做了探索，2008年制订教师教育课程培养方案，对吉林师范大学师范专业的教师教育类课程设置进行了大胆的改革和创新。修订新培养方案的总体思路是：一体两翼、三素四性、密点集面、点实面宽、汇面成体。

2. 课程设置方面的改革

在教师教育课程设置方面增加教师教育课程的学分比例，从原来的15学分增加至18学分，突出教师教育专业特色；重新安排教师教育课程模块内的课程结构，科学、系统的重组课程，加大选修课比例，提高课程的实用性。在上述原则指导下教师教育课程设置打破原先教师教育选修课程分模块选课的要求，统一设置教师教育类必修课程和选修课程，调整教师教育类必修课程设置，形成三个必修和选修模块，其中必修课程8门，选修30门。要求所有学生在每个模块中都要修够学分。这种课程设置既体现学分制课程灵活性，同时使教师教育课程更具有操作性和适用性。

3. 注重资源的整合

传统教师教育课程实施的主体是分立的，一般而言，学科专业课程由各个学院负责，教师类课程由教育学院负责。这种分工状态很难整合所有的资源和力量，因而教师教育课程实施并不理想。在教师教育课程改革中，我们打破以往各个学院条块分割的状态，整合各种资源和力量，发挥各自作用。这种资源和力量的整合体现在几个方面。第一，发挥人员优势。这些来自不同学科专业的人员和信息，为教师教育课程建设提供了丰富的"养料"。第二，发挥资源的优势。各个专业有着不同的课程资源，整合利用课程资源并发挥其应有的作用就成为教师教育课程建设的基本思想。比如，在教师职业技能训练方面，为发挥学校传统的三字一话、五能的优势，充分利用教师教育训练中心进行微格教学，提高学生的职业能力。

4. 突出实践能力，构建合作平台

教师教育课程应引导未来教师参与和研究基础教育改革，主动建构教育知识，发展实践能力，引导未来教师发现和解决实际问题，创新教育教学模式，形成个人的教学风格和实践智慧。为此我们加强了建设教师教育实践类课程体系的建设，逐步加大实践类课程的比重，形成教育见习、实习、教育调查、教育观摩、模拟微格教学等系统化的课程体系。此外我校建立了教师教育培养课程平台，强调知识融合，注重方法贯通，突出能力培养。最后，学校运用大学与中小学协作的理念，利用学校的教育实践基地，提高学生的实践能力。

对小学教育专业本科教材建设的思考

教材建设是小学教育专业系统工程中的一个关键要素，也是我们以推进小学教育为己任的教育工作者必须认真思考并予以解决的问题。目前，随着我国本科小学教育工程的不断深化，教材的建设已有相当基础，教育部组织编写的示范性教材以及各地组织编写的地方性教材开始陆续出版。但是，我们必须看到，作为21世纪小学教育工程的重要内容，教材建设工作还有许多环节有待进一步完善。

一、我国现行的小学教育专业教材建设（以人教、高教为例）

在本科小学教育专业成立之初，所选用的教材主要来源于两个方面：一是使用在校教育专业本科以及专升本的专业教材代替小学教育专业学生所用教材；二是任课教师自编教材，尽管个人著作的质量较好，但代表的是作者的科研成果、个人的观点，作为教材不一定恰当。20世纪90年代以来，尤其是近5年来，我国本科小学教育专业教材建设和研究比较活跃，出版了一系列各具特色的教材，积累了不少宝贵经验，短短几年时间内，仅高等教育出版社出版的小学教育专业的教材就有40余种，人民教育出版社出版90余种，其中涉及小学教育专业教材的方方面面，对小学教育教材建设走向科学化、规范化是大有助益的。

表1　　　　　　近年来出版的小学教育专业教材统计　　　　　单位：种

出版社	高师小学教育数学类教材	大学本科小学教育专业教材	高等院校小学教育专业教材	合计
人民教育出版社	14	44	26	84
高等教育出版社			35	35
合计	14	44	61	119

资料来源：人民教育出版社、高等教育出版社教材中心网站。

表 2　　　　　小学教育专业教材分类统计（以人教社、高教社为例）

类别	数学类	文学类	教育类	职业技能类	艺术类	科学类	外语类	心理学类	历史类	其他
数量（种）	23	10	25	18	12	12	2	12	3	13
占比（%）	19	8	21	16	8	8	1	8	1	10

资料来源：人民教育出版社、高等教育出版社教材中心网站。

1. 人民教育出版社出版的大学本科小学教育专业教材

本套教材是教育部师范教育司、人民教育出版社和教育部课程教材研究所及有关高校的领导和专家组成的"大学本科小学教育专业教材编写委员会"共同编写。本套教材是从大多数地区的情况出发而编写的全国通用教材。这是新中国成立以来第一套颇具规模的大学本科小学教育专业教材，填补了小学教育专业没有教材的空白，全面体现了"大学本科程度"和面向小学实际的要求。

2. 人民教育出版社出版的高等院校小学教育专业教材

本套教材是教育部师范教育司、教育部课程教材研究所和人民教育出版社在"十一五"期间，组织全国各师范院校的专家、学者，共同研究、编写的高等院校小学教育专业系列教材。

本套教材的编写，力求以"面向现代化，面向世界，面向未来"为指导思想，反映当代社会经济、文化和科技发展的趋势，体现基础教育新课程改革的理念，紧密结合高等院校小学教育专业教学改革的发展趋势和实施素质教育的要求，注重提高小学教师的综合能力，努力构建科学的教材体系。本套教材的编写，以党和国家的教育方针以及小学教师的培养目标为依据，坚持以思想性、科学性、时代性和师范性为基本原则，努力实现基础性与时代性、国际化与本土化、逻辑性与专业性、规范性与灵活性、统一要求与各具特色五个结合，试图在内容及其呈现方式上进行大胆的创新，强调培养未来小学教师的创新精神和实践能力；注重把国内外最新研究成果与小学教育一线丰富的教学实践经验融为一体，紧密结合我国大多数地区小学教育的实际。

3. 人民教育出版社出版的高师小学教育数学类教材

本套教材是教育部师范教育司、教育部课程教材研究所和人民教育出版社组织全国各师范院校的专家、学者，共同研究、编写的高等院校小学教育专业理科方向的系列教材。

4. 高等教育出版社、华东师范大学出版社出版的高等院校小学教育专业教材

本套教材是教育部师范教育司、高等教育出版社和华东师范大学出版社组织教育科研机构、高等师范大学的专家学者和广大高师院校的教师联合编写出的一套高水平、规范化的、专为培养较高学历小学教师使用的教材。

二、现行的小学教育教材建设和选用主要存在以下几方面问题

但从整体上看，小学教育教材的发展状况并不尽如人意，有关教材建设的一些重要问题还需要深入研究和积极探索。我们认为，目前小学教育教材建设和选用主要存在以下几方面问题。

1. 教材专业特色不明显

本科小学教育教材的编写应以大本小教专业培养目标为依据，全面体现"大学本科程度"和"面向小学教育"的要求，力求建立合理的教材结构，以适应21世纪新型小学教师素质结构的要求。然而多年来，小学教育本科一直借用普通师范院校教育学本科教材。实践证明，这种做法忽略了"面向小学教育"这一重要依据，从课程结构和内容体系上，都未能体现小学教育的特点，存在着不少弊病。

现代教育对小学教师的培养由中师提升到大专、本科，要求他们从原来"教学型"教师转化为现在的"探究型""反思型"的教育专家，小学教育本科与普通教育学本科在培养目标上有较大的差异，教学要求和课时分配也有较大的不同，本科教材根本不可能满足小学教育本科的要求，也没能体现出小学教育专业的特色。同时，因借用的教材内容偏多，针对性不强，也给教与学带来了一定困难，严重影响了教学质量。

2. 部分学科教材仍然属于空白

由于教材形式较为单一，低水平重复建设，电子教材数量少，小学教育专业某些学科方向还是空白。

从全国来看，我国高校教材编写长期以来存在着一种怪现象，就是每门课程几乎都同时存在着没有实质性差异的难以胜数的教材，教材质量每况愈下。小学教育教材的建设也不例外。近几年来，虽然教材编写、出版、发行了很多，但其整体质量却很难令人满意，其主要特点是千篇一律，教材的体系、格局、内容大同小异。据不完全统计，在最近几年高等教育出版社以及人民教育出版社出版的小学教育教材中，小学教育数学专业教材约占32%、语文（包含文学、文学史类）约占30%、基础教育理论约占15%，小学生心理健康教育约占4.8%，而物理、化学、

音乐、美术、自然地理、学校管理等专业教材占小学教育本科教材的比例不足20%。小学教育专业外语方向、科学方向、综合艺术方向几乎没有可选教材。并且，纸制教材仍在教材用书中占绝对地位，现代教育技术手段未能有效利用，电子教材数量少，水平低，发展相对滞后。

3. 教材内容与学科建设要求之间还存在一定的差距

本科教育是培养学生扎实地掌握本门学科的基础理论，专门知识和基本技能，并具有从事科学研究工作或担负实践工作初步能力的高级人才。因此，本科教育不仅要向学科的纵深发展，还要注意学科间的横向联系，为提高学生的实践能力，教材的规划和内容制定的出发点要从学科建设的角度出发，目前许多教材与学科建设都存在着知识结构与实际需要不同程度的更新与淘汰问题。

有学者指出，目前高校"小学教育"本科专业教学计划的主要问题在于，整个课程体系的结构没有体现小学教育本科专业的特点，依然是模仿高等师范教育的其他本科专业。以小学教育美术教材为例，仔细比较《大学美术》与中师美术、高师美术专业的课程内容，不难发现前者只是在后者基础上的简单拼凑，显然缺乏对大学本科小学教育专业美术的专业特点的认识。教材沿着中师教材重"技"的老路，不但在理论方面没有深化，甚至连原来仅有的一点美术教法内容也被删去，课时大量压缩，师范性也被弱化。

4. 出版质量不高

近年来许多出版机构都在出版小学教育专业的教材，难免鱼龙混杂，使教材质量降低。但无论是内在质量还是出版质量，出版社都有不可推卸的责任。近几年来，出版社比较注重教材的外观质量，封面华丽，纸张考究，但不少教材错别字连篇、图例和标点符号的使用不符合国家规范。虽然每本书都有责任编辑，但不少责任编辑把关不严；虽有"三审""三校"制度，但坚持得不够好。人们常说"无错不成书"，但错误太多也成书，以这样的教材去教学，与其说"育人"不如说误人子弟。

三、小学教育专业教材建设的对策

教育部印发的《关于加强专科以上学历小学教师培养工作的几点意见》（以下简称《意见》）中指出："教育部将组织制订专科学历小学教师的培养目标、规格、完善和改革课程体系和教学内容，制定《师范高等专科三年制小学教育专业教学方案（试行）》，组织编写小学教育专业教材，加强小学教育专业建设。"小学教育的教材建设是事关培养人才、培养优秀小学教师的大事，上述问题必须引起有关部门的足够重视。笔者认为，教材作为教育规范的一种，必须做到在教材目标、内容、编写等方面的统一和规范。

1. 定位教材目标，兼顾学术性和教师教育专业的特性

教材必须要有其目标，教材目标具体来说是指通过教材的教学使学生应当达到的素质，它直接决定着教材内容的广度和深度，关系到教学目标的实现。学术性和教师教育专业的特性是小学教育专业本科课程的两大基石。小学教育专业历来重视教师教育专业的特性，而作为高等教育，学术的研究也不容忽视。小学教育专业学术性是体现教师教育专业的特性的学术性，而教师教育专业的特性则是学术性保证下的存在的，两者的有机整合是现代教育事业的要求。

学术性的标准应根据专业要求来确定，不考虑实际情况，企望制定一个统一标准是不合理、不现实的。还是以小学教育美术专业为例，小学教育美术专业本科教材内容，既不是中小学美术的简单延伸，也不是培养小学美术教师为主要目标，更非培养专业的画家。它反映出的专门化水平和学术前沿，考虑学生学科知识技能及学科研究能力所能达到的掌握程度和水准，必须同时具有小学和美术的双重特点。要主动适应小学教育改革与发展，也应密切关注小学教育，研究小学教育，引导和推动小学教学的改革和发展。

2. 确定教材内容体系，体现时代性和发展性

由于各类学科在近年来发展迅速，教材应捕捉科技发展的前沿信息，把反映本学科发展的新内容及时充实到教材中去。教材要及时更新，反映本专业、本学科发展的新成果、新观点，保持教材内容的先进性。当今正处于新技术、新知识蓬勃发展的新阶段，各学科知识相互渗透，知识在不断更新，信息量在急剧增加，因此，要求教材内容要尽快反映科学理论的新发展，使学生的知识不断得到补充，保持合理的知识结构，以适应不断变化的社会形势的需求。

同时，随着知识经济时代的来临，各种知识更新速度越来越快，各课程教学大纲规定的教学内容应当适当超前。因为学生在4年的学习期间，课程是一门一门去学的，如果教材内容没有一定的超前性，有些内容在毕业前就会过时。

3. 教材建设要注重研究基础教育实际

教材要根据现代科技发展和基础教育课程改革综合化的趋势，强化综合素质教育，加强文理渗透，注重科学素养，体现人文精神，加强学科间的相互融合以及信息技术与各学科的整合；同时，根据小学教育的需要，综合性教育与单科性教育相结合，使学生文理兼通，学有专长，一专多能。

教材建设要主动适应小学课程改革的需要，教材要根据小学教师职前教育的要求，既要科学地安排文化知识课和教育理论课，又要加强实践环节，注重教育实践和科学实验，重视教师职业技能和职业能力的培养。学科基础理论课教材、专业方向选修课教材要根据小学教师和教学的实际需要，注重整合中文类、数学类知识编写。

4. 开发形式多样的新型教材

21世纪是信息时代，多媒体技术、计算机网络、人工智能时代，技术的革新使教学更具灵活性、创造性。教学要走在时代的前列，教学手段的现代化是必然。因此，要努力增加教材的品种，使之成系列。不仅应有传统意义上的教材、教学参考书，还要大力开发电子版教材、视听教材、多媒体软件等灵活多样的教材形式。这样，一方面可以弥补教材自身的不足，还可以增加教学的生动性和直观性，及时补充一些新方法、新理论，使教学与实践达到统一，让学生学到更丰富、具体、实用的知识。

5. 合理组织教材的编写

只有高质量的教材编写队伍才能较好地把握教材编写的思路和深度，较好地体现国家规划教材的科学性和实用性。小学教育本科教材的建设是一项长期的事业，不是一蹴而就的，需要多方面长期艰辛的共同努力才能完成。统编教材可以由主管部门组织所属院校编写，但应当采用主审、主编负责制，对编写人员的学历、职称、从事本课程教学年限、编写教材经验等方面应有基本要求，各层次教材应当由相应层次的教师参加编写。主编由各校推荐，主管部门择优选择，主审直接由主管部门确定。公共课程的教材可以采用全国统编的方式，专业性比较强的课程可以由教育部委托专业部委编写，全国通用。

6. 建立健全教材标准和教材出版资格制度

当前，应当就各层次教材建立标准体系，并开展教材评估活动。已出版的不合格教材要停止使用；新编写的教材通过评估前不得出版；对优质教材在资金上予以扶持，并通过媒体向社会推荐。对出版社要实行教材出版资格制度，并进行年度检验。对那些出版质量差的出版社应当停止其出版教材的资格。统编教材的出版可以采用招投标制，由具备出版资格、信誉好的出版社投标，择优确定出版社。

显然，我国小学教育本科教材建设是一项复杂的系统工程。要编写真正适应当今小学教育学科发展趋势、符合我国小学教育特点、反映我国小学教育研究成果的本科教育教材，有许多工作要做，任重而道远。我们应当理性分析当前小学教育本科教材建设的现状与存在的问题，科学把握现代小学教育学科的发展取向，积极引导小学教育教材的全方位变革，只有这样，我国小学教育本科教材建设才能真正走向规范、走向成熟、走向科学。

课程模式与教学模式的关系

课程模式与教学模式的研究是当今教学改革中的一个综合性的课题，也是当代教育科学研究的主要目标之一。课程与教学模式的变革的意义在于体现教育理论和实践发展的现实需要上，同时也关系到教育目的和培养目标的实现。教学改革的实验大部围绕着研究现有的课程模式与教学模式进行，围绕创新课程模式与教学模式而展开。

一、课程模式的含义

对课程模式的含义，人们有不同的理解。《教育大辞典》将课程模式理解为课程类型，说"课程类型"也称"课程模式"也有学者认为，"课程模式是按照一定课程设计理论和一定学校的性质任务建立的，具有基本课程结构和特定育人功能的，用在特定条件下课程设置转换的组织形式"。关于上述理解，有学者认为：无论从语义学还是语用学的角度考虑，还是从课程实践的视角审视，将课程模式归结为课程类型都是不太恰当的。把课程模式理解为具有一定课程结构和育人功能并适用于一定环境的课程组织形式，正确地表明了课程模式与课程结构的关系，同时也包含了课程模式作为课程存在形式这一内涵，但没有反映模式的根本特征，即模式与一般存在形式的本质区别。从而提出了"课程模式是典型的以简约的方式表达的课程范式，这种课程范式具有特定的课程结构和特定的课程功能，与某类特定的教育条件相适应。"我们认为将课程模式理解为课程范式还得进一步讨论，因为在本意上"模式"并不完全等同于"范式"。范式是从它的发源领域借来的结构并随之被应用于所从事的不同领域，而模式是代表与所研究的理论有关一套具体事件。

《教育大辞典》（增订合编本）又将课程模式理解为：

（1）课程发展模式。在课程发展中根据某种思想或理论，选择和组织教学内容、教学方法、教学管理手段以及制定教学评价原则，而形成的一种形式系统。

（2）课程理论模式。形成课程观的理论模式，以表明课程理论研究的地位范围和功能。

比较关于课程模式的理解，我们主张将课程模式的内涵界定为：课程模式是按照一定的课程思想和理论以及学生的年龄特征和学科发展状况，对课程目标、课程内容、课程结构、课程实施、课程评价做出简要概括，以提供教学实践选择的一种形式系统。

二、教学模式的含义

最早对教学模式进行研究的是美国的乔伊斯（B. Joye）和威尔（M. Weil），1972年他们出版了《当代西方教学模式》一书，该书的问世拉开了教学模式研究的序幕。我国教学理论界对教学模式的研究是从20世纪80年代中期开始的，时至今日，人们对教学模式本质的认识也未形成一致的看法。这是由于研究者的研究角度和认识理解不同，使人们对教学模式概念的界定多种多样，概括起来大致有以下观点：

（1）教学模式是在一定的教学思想指导下，围绕着教学活动的某一主题形成的相对稳定的系统化和理论化的教学范型。

（2）教学模式是教学理论和实践的中介，它是在一定的教学理论指导下，为实现特定的教学目标，用来设计课程、选择教材、提示教师活动的基本范型。

（3）教学模式是依据教学思想和教学规律而形成的在教学过程中必须遵循的比较稳固的教学程序及其方法的策略体系。

（4）教学模式即教学程序。有人认为，"教学模式是指具有独特风格的教学样式，是就教学过程的结构、阶段、程序而言的。"

（5）教学模式即教学方法。有人认为教学模式是"特殊的教学方法适用于某些特定的教学情景"。还有人认为，教学模式是"教师根据教学目的和任务在不同的教学阶段，协调应用各种教学方法过程中形成的动态系统"。

（6）教学模式是与教学的"结构—功能"这一范畴密切相关的一个概念，认为教学模式是"人们在一定的教学思想的指导下对教学客观结构做出的主观选择，是教学结构在空间程度和时间程度上的稳定形式。"

我们认为，上述观点在某些方面是不恰当的。如，把教学模式看作是一种"教学理论"或"教学方法"的观点是片面的。因为教学模式兼有理论性和实践性，它有着一般单纯的教学理论所没有的方法体系，又有着一般教学方法所没有的理论体系，它不仅说明了为什么这样做，而且规定了怎么做的基本式样或框架。

教学模式也不是"教学程序"。把教学模式看作是教学程序，其实是只抓住了教学模式的可操作性，强调了教学模式的"实践式样"，而忽视了教学模式的"理论式样"。教学模式兼有理论性和实践性，不仅提供了操作的步骤和方法，还规定了应用程序的目的和条件。

如果把教学模式定义为一种教学范型或计划，事实上并没有揭示出教学模式的实质。教学模式并不只是计划，计划只是其外在表现，任何教学模式都蕴含着某种教学理论或思想。只抓住教学模式的外在表现形式，而放弃其精神实质，用"范型"或"计划"来定义教学模式，显然是简单化了。

同样把教学过程和结构看成是教学模式也是不恰当的，一般使用教学结构这个概念时，是指教学过程中各个阶段环节、步骤等要素的组合关系。如果这样去理解，那么，教学模式、教学过程和教学结构这三个名词实际上就是同一概念的不同表现形式。这样，教学模式无非就是强调一种单纯的教学顺序和步骤。诚然，我们也认为教学模式是一种教学过程或一种教学结构，但过分强调教学模式或是教学过程、结构，片面追求教学模式的"过程"和"结构"的完美性，忽视对教学客观规律的探索，这是错误的。

借鉴上述观点，我们给教学模式下的定义是：教学模式是在一定的教育目标及教学理论指导下，依据学生的身心发展特点，对教学目标、教学内容、教学结构、教学手段方法、教学评价等因素进行简约概括，而形成的相对稳定的指导教学实践的教学行为系统。

上述界定涉及几个要点：一是教学模式是一种相对稳定的教学行为系统，是对整个教学体系的反映，但另一方面随着教学理论，尤其是随着教学实践的发展，教学模式本身也不断地变革、修正和完善；二是教学模式既离不开特定的教育目标指导，又受特定的教学理论制约，要反映教学目标，正是由于依据的教育目标和教学理论不同，以及所完成的教育目标和教学内容不同，才产生出许多功能各异、风格不同的教学模式；三是教学模式的基本结构和具体的操作体系是以一种简约的语言、形象的符号来加以概括的。

三、课程模式与教学模式整合

1. 课程模式与教学模式的关系

模式作为一种科学方法，它的要点是提取特征、分析主要矛盾、认识过程进行合理分类。任何课程模式都要受一定的教育思想影响，受教学过程规律支配，与教学过程、教学方法、教学内容发生必然的联系，所以课程模式与教学模式也存在必然的联系。

（1）课程模式是选择教学模式的重要依据。

人们在进行教学改革的时候并不是先确定教学模式，而是先制定出课程改革方案，在课程改革方案的基础上，规划课程内容、课程结构、课程实施、课程评价等内容，这势必要影响到教学模式的确立。例如天津市上海道小学在20世纪80年代创造的"大课程模式"之主题是"大课程"，即建立学科课程、活动课程、潜在课程等融合互补，纵横联结的课程体系，而这一课程体系的支持系统之一是构建了"激趣、探究、概括、运用"八字教学模式。

再比如，在目前课程实践和课程改革中提出的多元化的要求面前，现行的教学理论研究表现出了明显的不适应，对综合课程、活动课程、选修课程的解释、指导都显得力不从心，即我们要构建什么样的教学模式去实践这些课程，因为现行的教学理论主要是在单一的课程结构基础上生长起来的，人们由此对教学理论感觉不足，希望得到专门的课程理论的指导是合理而必然的。

课程模式中的课程目标是教学模式中教学目标制定的依据，是教学目标的具体化。课程目标是根据教育宗旨而提出的课程的具体价值和任务目标，是对教育方针和教育目的的反映，而教学目标是对教学活动预期结果的标准和任务的规定或设想。每一门课程都有一般性的总体目标，又有具体化的手段教学目标。这是我们必须事先规定好的，然后我们才能据此规定具体的教学目标。如《全日制义务教育数学课程标准》明确提出了小学数学的总体目标，根据总体目标，从知识与技能、数学思考、解决问题、情感态度四个方面将义务教育阶段又分为三个学段（1~3年级为第一学段、4~6年级为第二学段、7~9年级为第三学段），并分别对课程的具体目标（教学目标）加以论述。

（2）教学模式是一定的课程模式得以实施的基本保证。

在教学模式用来实现课程目标时，教学模式成了课程模式得以实施的基本保证，没有课程模式中的课程目标和课程内容，教学模式在很大程度上便成了无目的、无内容空洞盲目的教学行为系统，没有教学模式的运用，课程模式便失去了实现的主要途径和最好机会。这就要实现课程内容和教学模式化，即确定课程模式时必须考虑制定相应的教学模式。再如古代西方的数学，以欧几里得的《几何原本》为代表，它的教学模式是定义—公理—定理—新的定理，可以简称为"公理模式"。以公元一世纪成书的中国《九章算术》为代表，它的教学模式为问题—解法—原理—应用，可以简称为"问题模式"。由此观之，任何课程模式都有其相对应的教学模式，教学模式是课程模式实施的基本保证，我们在运用教学模式时必须有所选择，要先了解并掌握各种课程模式的目标、内容、结构以及适用条件，了解每一种课程模式的功能与价值，才能正确选择和运用教学模式，以能避免盲目性，从而增加教学模式的适用性和针对性，才能实现课程目标和教学目标。

（3）以辩证的观点看，课程模式中有教学模式，教学模式中有课程模式。从方法论的角度看，模式是一种科学的方法。方法也可以形成一定的模式，一种卓有成效的课程模式常常需要多种教学模式去实施。在教学模式改革的基础上，也可以抽象出许许多多的课程模式。例如，将科学分类与课程分类结合起来考虑，最重要的课程是思维科学，它包括了语文、数学、逻辑学。这一类课程和模式中的主要内容是基础教育的重要内容。其相应的教学模式应是"问题模式""探究模式""发现模式"等等。可见，课程模式与教学模式是不可分的整体。形成整体结构，才能产生整体效能，这是课程模式与教学模式改革与发展的基本出发点。

2. 教学模式与课程模式构成要素之比较

人们在对教学模式与课程模式构成要素的研究有以下几方面达成了共识，见表1。

表1　　　　　　　　　　　教学模式与课程模式构成要素之比较

构成要求	教学模式	课程模式
理论主题（指导思想）	任何一种教学模式都有一个使其赖以成立的鲜明的教学思想或理论，它指导教学模式结构中其他因素的选择和确定。	主要是人们对课程目的、课程功能、课程实施等问题的基本看法。它在确定课程模式的适用条件、功能目标及基本框架的过程中起指导作用，是准确实施课程模式的主要依据，它体现课程模式的理性特征。
功能目标	任何一种教学模式都有一个独特的功能指向，它是理论主题所规定任务的具体化，是教学模式的核心。	课程模式的功能目标是人们对某一模式的课程在学习者身上产生影响的预先估计。
实施条件（适用条件）	任何一种教学模式都具有完成一定教学目标，使其发挥功效的特定条件，它包括教师、学生、教材、教学工具、教学的时间空间、教学方法等。	指某种课程模式可以完成的特定的功能目标，发挥最大功效的各种条件，如地区的经济文化水平，学校的培养目标，学生的学习水平等。
操作程序（基本框架）	任何一种教学模式都具有一套代表和反映该教学模式的独特的操作程序。以说明教学活动应采取的逻辑步骤以及每一步骤和阶段应该完成的教学任务。	课程模式的操作程序是指人们按照某种指导思想和目标进行课程设计时，对构成课程体系的各部分内容采取的相对稳定的组织形式。
评价体系	教学评价是对教学过程、教学结果所进行的价值判断。任何一种教学模式都具有一套完整的评价标准和评价方法体系。在一种具体的教学模式的实施过程中，为了使教学活动顺利进行，需要建立评价的反馈体系，并通过这一体系，对教学活动加以控制，并由此达到改进教学活动，提高教学质量和效率的目的。	课程评价是研究课程价值的过程，是利用一定的技术、手段对课程编制过程、课程计划和课程效果做出价值判断的过程。要建立促进课程不断发展的评价体系。研究课程评价的价值取向及最新进展，强调建立发展性课程评价体系的建立，重新构建教科书评价的基本框架。

3. 课程模式与教学模式生成方式的比较

人们在对课程模式与教学模式生成方式的研究上基本思路是归纳式和演绎式两种，其关系如表2。

表2 课程模式与教学模式生成方式的比较

模式	归纳式	演绎式
课程模式	归纳式是课程模式生成者对丰富的课程实践进行归纳、整理、梳理出具有共性的有效经验，从而提出带有鲜明个性的模式主题和课程结构的模式生成方式。 这种归纳方式又分两种：一种是描述解释型的，其特点是侧重对课程实践的发展进行描述解释理论上稍欠缺完备。另一种是经验升华型的，特点是在对课程实践进行总结的过程中渗入了模式生成者自己的课程理念，使原来的经验得以升华。 如近年人们提出的"以学科课程为主，实现学科课程与活动课程和潜在课程相整合"的课程模式，即总结了过去的经验，又提出了明确的课程主张和模式主题，属于此种类型。	演绎式课程模式是指学者们依据某种理论并结合某种教育情境，首先提出明确的课程主张，然后确定主题，设计课程结构，最后形成模式，演绎性生成方式的关键是模式构建者首要有独特的课程主张，新的课程主张是演绎性生成方式的生长点。 例如：前文提到的"大课程模式"主要就是通过演绎方式生成的。
教学模式	归纳式教学模式是在一定的教学理论的基础上，通过对具体的教学实践活动进行去粗取精，去伪存真，由表及里，由此及彼的提炼和总结形成的。 这类教学模式建立的基础是具体的教学实践，所以其实践性是无可置疑的，又由于它们是教学实践由经验层次上升到理论高度的结果。所以它们还具有一般教学实践所没有理论性。 例如掌握学习教学模式、活动教学模式均属于此种类型。	演绎式教学模式是以某种教学理论为前提，针对某种教学活动，经过严密的推理设计而成的。这类教学模式是从科学理论出发形成的思维过程是演绎。 由于这类教学模式是以某种理论为前提的，所以其理论性是显而易见的，又由于它们是针对某些教学活动而设计的具体实践模式，所以它们还具有一般教学理论所没有的实践性。 例如：布鲁钢的概念获得教学模式、自学辅导教学模式均属于此种模式。

小学教育专业本科教育类课程设置及实施策略

随着基础教育课程改革的不断深化，小学教育对教师素养要求越来越高，从而启动了小学教师学历教育的本科化进程。为了适应这一发展趋势及其要求，高等师范院校凭借教育学科的优势，整合其他专业的特点，普遍开办了本科层次的小学教育专业。这使得构建具有时代性的小学教育专业（本科）的课程体系，成了我们面临的重要课题，引发了系列研究获得了初步成果，以培养本科层次小学教师为目标的小学教育专业与其他老牌专业相比，专业的成熟度较低，现有的课程体系还存在很多问题，本文就小学教育专业（本科）教育类课程设置，在理论及实践上分析和阐述，以求得大家的批评和指正。

一、小学教育专业教育类课程和设置的五个维度

教育类课程，又称教育专业课程，教育科学课程，是教师教育课程体系的重要组成部分，在塑造教师专业形象，形成教师专业能力中发挥重要作用。其目的是使师范生确立热爱教育事业的专业思想，树立正确的教育观念，掌握教育教学的基本规律及其技能技巧，形成基本的教育教学能力。这些课程目标的设定，反映了从事教师这项职业所必须具备的专业理论知识和专业技能方向的要求。[2]它在促进教师专业化进程中具有不可替代性。这也说明了教育类课程的专业课性质，而非一般的公共课性质。

就小学教育本科专业而言，它培养的是小学教师，由于小学生与中学生不同的身心特点，所以小学教师又与中学教师的培养有所不同。在体现上述教育类课程目标的同时又必然有其自身的要求。基于这些构想，我们对小学教育专业（本科）教育类课程设置是从下述五个维度进行的。

1. 教育学学科课程

此类课程在教育类课程中处于基础地位，是对以下四个维度课程的知识铺垫和理论指导。目的是使学生从深层次上理解教育思想的来龙去脉，拓宽教育视野，提

高对教育对象教育实际的认识。初步掌握教育规律和特点，树立专业教学的教育理念，以便能从较高的角度明了教育的真谛、价值和意义。[3]具体开设的课程包括：教育基本原理、小学课程与教学论、小学德育论、教育哲学、比较教育、中外教育史、学校管理与班级管理、教育政策与法规等。

2. 心理学科课程

它在小学教育专业本科教育类课程中也是处于基础地位的学科群体。现代心理学的发展，在理论上形成了基础的作为一门科学的独立体系。在应用上与教育领域建立了广泛的联系，从而形成了许多分支。学科表现在小学教育领域有：小学基础心理学、小学生心理学、小学教育心理学、小学生发展心理学、心理测量、学校心理咨询、学校心理健康教育、学科教学心理学等学科。这些学科所提供的学生心理发生发展的规律性认识，为教育理论的建立和教育实践的进行提供了科学依据。

3. 教育技能课程

它在教育类课程中处于核心地位，是直接为小学教育专业本科生未来任务服务的。因此，带有很强的技术性、操作性和应用性，也是目前我国小学教育专业教育类课程亟待充实和完善的部分。此类课程是以具体的教育、教学方法的掌握，必要的教育、教学技能的训练为己任。目的是让小学教育专业学生掌握教育教学工作所必需的基本方法、基本技能。从而形成较强的自我发展和创新能力。具体开设的课程应当包括：现代教育技术、小学语文教学论、小学数学教学论、小学教师教学技能、小学班主任工作技能等。

4. 教育实践课程

教育实践课程包括教育见习和实习、普通话训练、三笔字训练等课程。在教育类课程中占有特殊的地位，是小学教师培养的重要环节，其主要目的是帮助小学教育专业本科生将所学到的知识用到教育实践，是学生综合运用所学知识、技能解决实际问题的过程，是小学教育专业本科生在具体、真实的教育情境中感受由学生到教师的角色转换，逐渐培养教师的职业意识、职业情态、职业道德、职业技能及职业能力的过程。

5. 教育科学研究方法类课程

从理论层次上看方法科学更高于实体科学，教育研究方法类学科可视为综合性学科，但不是实体学科简单综合的结果，而是上升至"方法科学"高度的综合性学科，所以我们把它列为小学教育专业教育类课程设置的重要维度。这类课程包括小学教育统计与测量、小学教育科学研究法、教育实验学、教育评价技术等课程。

它在小学教育专业教育类课程中占有重要地位，目的是让学生掌握教育科学研究所必需的基本方法和基本技能，是培养"研究型"小学教师的必备课程。在小学教育专业教育类课程设置中要重视对教育研究方法类的课程设置是十分必要的，通过这类课程的学习能使小教专业学生树立教育科学研究意识，毕业后积极开展教育教学研究，从而为提高教育教学质量、丰富发展教育科学做出贡献。

二、小学教育专业教育类课程的实施策略

1. 整合教育学学科课程以实现教学内容综合化

须整合教育类课程中教育学学科课程，实现教育学学科课程教学内容的综合化。现代教育理论认为，无论是综合课程，还是分科课程的教学，都应体现教学内容综合化的特点。对于小学教育专业的教育理论课程教学内容来说，首先，教师应使庞杂的教学内容实现学科范围内的综合化。应将学科内容知识、学科与学科之间的知识不断进行重组与改造，形成纵横交错、彼此互相联系的知识结构。由于教育学学科课程知识量较大，而且有的知识已经陈旧老化。因此在教学内容的整合上，不可能面面俱到，而应该有所选择，做到重点突出，详略得当。对于教学内容中脱离小学教育教学实际的陈旧的教学内容，或是政治理论的说教式的内容重复论述的内容，或是有争议的尚缺乏教育实践论证的内容，都应进行必要的缩减和删除。因此在教育学学科课程教学内容的整合上，在注重每个学科基本理论问题探讨的同时，要根据小学教育实际和各学科课程标准的要求，针对现行教育学学科课程教材内容空洞知识贫乏的现状，不断更新知识树立全新教育观念，补充国内外教育研究的新成果、新观念，并增强针对性和可操作性，有意识地融入小学教育实际中出现的新情况、新问题。其次，教师应使教育学学科课程教学内容不局限于某一具体学科的知识范围内，打破各学科的界限，克服各学科设置中不和谐共振、不协调发展的局面，建立各学科相互融合态势。从而形成广泛联系的格局，为此在教育学学科课程教学内容的整合中教师不仅要研究掌握本学科的课程标准及教材，而且还要研究相邻学科的课程标准教材，将相关知识集结成网络融入到整个教学内容中去，实现教育学学科课程教学内容更高层次上的综合化。

2. 注重理论联系实际以实现教学内容应用化

须注重理论联系实际，实现教育类课程中教育技能课程教学内容的应用化。教学内容的应用化是指在选择、组织教学内容时注重知识的应用。知识的应用应包含两层含义：一是将教育技能课程知识应用于小学教育实际中；二是运用知识解决小学教育实际问题。在重视基础知识和基本技能的基础上，注重知识的应用，不仅能

够深化学生对教育技能的理解，利于知识的整合和灵活迁移，以及帮助学习者构建新知识，提高运用知识解决问题的能力，而且能使学生了解教育技能对解决小学教育实际的价值，并为实践奠定基础。

在选择组织教育技能课程教学内容过程中：第一，要充分挖掘教材中联系实践的因素，广泛收集有关的资料信息，联系当前国内外基础教育改革的实际；联系所在地区的实际，联系小学生自身的实际，将贴近学生生活，发生在学生身边的实例，与教育技能课程教学密切相连的内容充实到教育技能课程教学内容中去，使教学内容体现出应用性的特点。第二，组织和选择与应用教育知识解决小学教育相关问题的教学内容。在客观介绍各种观点的同时，应尽可能从理论上、实践上阐明正确的观点，不回避、也不含糊，使学生明辨是非，从而提高他们应用知识的能力。

3. 强化教育实践课程内涵以建立教育实践课程实施机制

须强化教育类课程中教育实践课程的内涵，建立有效的教育实践课程的实施机制。加强教育实践课程的教学是教育类课程改革的重要环节，一是要在教育实习、见习的安排上延长教育实习时间，这是研究者们的共识。要合理安排教育实习、见习时间，要尽可能把大四的一次集中实习改为多学期、多年度相结合，即贯穿于一、二、三学年，使学生真正体会和了解教师工作的方方面面，真正理解具备怎样的素质的教师才是合格的教师。如在教育见习方面的时间安排上，可以不占用课堂教学时间，事先由学校或任课教师与学校所在城市的小学（实习基地）有关部门联系好，学生利用没有课的时间去小学见习，包括访问优秀教师或班主任，观摩小学课堂教学和主题班会，搞教育调查，并运用所学理论分析所见所闻。这样能保证学生有充足的时间和精力来了解小学教育教学实际，从而更加有效地发挥教育见习的功能。二是模拟教育实习，设置实践环境，让学生模拟教师角色，以教师的身份登台试讲，也可以采用微格训练的训练方法，模拟实践环境，培训学生的教师角色，把微格训练的步骤交给学生，由学生自行组织，教师最后根据教学录像与学生一起进行评议。三是在"三笔字""普通话""语言基本功训练"方面，在低年级以公共课的形式开设有关课程，并进行考核和发给证书。对三笔字的训练特别是粉笔字的训练，许多高师院校在大一到大三期间都安排小墨板，每天坚持写两句古诗词进行训练，这种形势值得推广借鉴；在语言基本功方面要注重语言普通话、朗读、演讲、讲故事、口头作文教态等方面的训练。

4. 重构心理学科课程体系以建立学科群体

应重新构建心理学科课程体系，建立由必修课和选修课组成的学科群体。在小学教育专业教育类课程设置中，心理学科处于极其重要的基础地位，在高师院校其他相对专门化的专业中由于课时数的制约，有关心理学科的课程受到了极大的限制，但小学教育专业本科区别于高师院校其他相对专门化的专业，在教育类课程设置中加大心理学科课程设置是可行的。因为小学教师必须要了解小学生的心理活动规律，了解个性差异和小学年龄阶段的心理特点。小学教师对小学生施加影响包括他所提出的要求、讲授的内容、采取的方法，如果符合小学生的需要，心理活动的规律和发展的水平及特点，它就有可能为学生所接受，并成为他们自己的东西，从而促进发展，否则就会事倍功半，甚至事与愿违。

在小学教育专业本科教育类课程设置上有三门课是必须开设的。这三门课就是小学生心理学、小学教育心理学、小学生思维发展心理学。从心理学科上来说，小学生心理学主要涉及普通心理学的内容，为心理学的基本理论，这对于小学教育专业本科学生了解心理学基本概况、基本心理现象和规律是十分必要的，同时还要介绍小学生心理活动的特点规律，也为其他两门心理学课程的教学打下基础。小学教育心理学是研究小学教育过程中心理活动规律的一门科学，其内容对于小学教育专业本科学生有针对性的掌握，教书育人中的心理学原理及其应用是绝对需要的，其重点是集中精力掌握小学生的学习心理和小学教学心理。小学生思维发展心理学是研究小学生心理发生、发展规律的科学，其内容对于小教专业本科生了解未来的教育对象——小学生的心理特点是必不可少的。由此，这三门课构成了小学教育专业教育类课程设置中心理学科的基础学科并列为必修课。

在开设上述必修课的同时，在心理学科方面还可以开设限定选修课，供学生选修，以扩大学生的学习范围或某一方面的学习深度。这些课程包括：学校管理心理学、社会心理学、小学生身心健康教育、学校心理咨询、心理测量等学科。这样就形成了小学教育专业教育类课程中心理学科的必修课与选修课体系。

5. 加强教学内容与信息技术整合以实现教学内容现代化

应加强教育类课程教学内容与信息技术整合，实现教育类课程教学内容的现代化。现代科学技术的迅猛发展加剧了知识激增和知识更新的速度，教师在确定教育类课程教学内容时，要站在学科发展的前沿，分析教育科学的发展赋予课程标准教材已有的概念、原理、规律等内容的新内涵、新要求，进行合理联合，组织加工，使教学内容体现现代化的特色，跟上时代的步伐。

目前，现代教学技术已广泛应用于课堂教学之中，特别是卫星电视技术、计算机多媒体技术、网络技术等新技术手段已介入教学过程，从而促进了教学内容、方法、手段的进一步更新，最大限度地实现教学过程的最优化。因此，要求在教育类课程教学过程中把信息技术、信息资源、信息方法、人力资源和教育类课程教学内容进行整合，以实现教育类课程目标和教学任务。在这一整合过程中，教师要利用多媒体计算机、多媒体教室、校园网络乃至互联网等使教育类课程教学内容、教学方法、学习方式等结合在一起，形成一个良好的教学环境。从而把教育类课程的学习内容转化为信息化的学习资源,并提供给学习者共享。即可以把教育类课程内容编制成电子文稿、多媒体课件、网络课程等,教师用来讲授或者作为学生学习的资源,达到师生共享。可以预见教育类课程的教学内容、教学手段将不断更新,我们在编写文字材料的同时,可利用共享的信息化资源,利用现代化的设备、技术,建立一套与文字材料相呼应的音像配套教材,作为教育类课程教学的素材资源。如数字处理视频资料、音像资料、文本资料等作为教师开发或学生学习创作的素材,整合到教育类课程和内容相关的电子文稿、多媒体课件之中,整合到课程学习之中,从而形成师生共同学习、共同研究、共同利用信息技术的发展来丰富教育类课程的教学活动。

三、小学教育专业本科教育类课程的学时安排

小学教育专业本科区别于相对专门化的高师其他教师教育专业,国家目前还没有明确规定"4+1"或"4+2"模式,四年制模式将存在相当长一个时期,在学习当中,教育类学科课程应加大比重。

按表1的要求,教育类课程约占总学时比例为30%,公共必修课占40%,学科课程占30%,我们认为这个比例是完全合理的。这与国外一些发达国家是一致的,如美国小学教育师资课程普通教育课占38.4%,学科课程占33.2%,教育专业课程占28.4%;日本初等教育师资课程普通教育课占33.6%,学科课程占27%,教育专业课程占34.4%。所以,我们认为小学教育专业教育类课程占30%左右的比例是合理的。为此,构建一套小学教育专业普通教育课程文理渗透,学科专业课程口径增大,突出实用性、针对性,增加小学教育专业教育类课程设置的比重,完善教育见习、实习制度,建立全新的、实用性的小学教育专业课程体系是可能的,也是势在必行的。

表1　　　　　　　　小学教育专业本科教育类课程设置

课程设置维度	课程名称	学分	专业必修（学时）	专业选修（学时）	公共必修（学时）
教育学学科	教育基本原理	4	60		
	小学教学论	3	54		
	小学德育论	3	54		
	中外教育史	6		80	
	教育哲学	3		42	
	比较教育学	3		42	
	小学管理学	3		42	

续表

课程设置维度	课程名称	学分	专业必修（学时）	专业选修（学时）	公共必修（学时）
心理学科	小学生心理学	3	54		
	小学教育心理学	3	54		
	小学生思维发展心理学	3	54	54	
	社会心理学	3		42	
	小学生身心健康教育	3		40	
	学校心理咨询	3			
教育技能	现代教育技术	3			36
	小学教师技能	3			36
	小学语文教材教法	3			
	小学数学教材教法	3	54		
	小学班主任工作技能	3	54	40	
教育方法类	小学教育科学研究法	3	54		
	小学教育统计与测量	3	54		
	教育评价讲座	3		40	
教育实践类	教育见习	8			
	教育实习				
	三笔字				

课程实施中学习方式变革的现状与反思

长期以来，我国课堂教学施行的是传统传递—接受式的教学方式。这种教育背后所隐含的假设是：学生是一个装知识的容器，教师的任务是把头脑中储存的知识提供给学生，学生再把知识储存到自己的大脑中。由此带来的直接后果就是，学生养成被动接受的学习习惯，形成过于接受、单一被动学习方式。这种缺乏主动性、积极性和能动性单一被动的学习方式，严重阻碍素质教育的推行，不利于新课程的推进和实施。因此，改革学习方式势在必行。

《基础教育课程改革纲要（试行）》中明确指出："改变课程实施过于强调接受学习，死记硬背、机械训练的现状，倡导学生主动参与，乐于探究，勤于动手，培养学生搜集和处理信息的能力，获取新知识的能力，分析和解决问题的能力以及交流与合作的能力。"从课程变革和实施的角度，基础教育课程改革关于学习方式改革的目标中至少包含下面三个方面的含义：倡导学生的学习方式由被动学习转向自主学习；转变学习方式就是要突出学习过程中发现、探究和研究等认知过程；转变学习方式，要以培养创新精神和实践能力为目的。因此，课程改革的目标之一就是要转变学生过于接受的学习方式，形成"自主·合作·探究"为特征的学习方式。

一、课程实施中学生学习方式的现状

新课程的实施是本着先实验后推广的原则进行的。即在课程实施的初期，选择一些实验区进行前期的实验，总结积累经验，为以后的推广做准备。课程实施以来，无论是教师教学方式，还是学生的学习方式都发生了相应的变化。这种变化表现在学生在学习的方式、学习的态度、情感与兴趣上。在实验区初期评估中，在问卷调查"新课程实验中，学生有什么变化"一题中，64.1%的教师认为学生"解决实际问题能力提高了"；39.3%的教师认为学生的"学习态度有所改进"；71.2%的教师认为学生的"学习方式有所改进"；39.5%的教师认为学生"更加喜欢学习了"。[1]但是变化的同时也存在一定的问题。这些问题的存在在一定程度上影响学生学习方式变革的深度，影响课程改革的推进与实施。

1. 学习方式的转变流于形式

我们倡导学习方式变革的基本目的是促进学生的发展，是转变过于接受的学习方式，形成"自主·合作·探究"的学习方式。尽管在课程实施过程中，学生学习方式发生了一些变化，但是在实施中也暴露出一些教师在转变学生学习方式中存在形式主义的倾向。这种形式化的倾向表现在两个方面：其一，片面追求学习方式的形式，忽视学习方式的目的、动机和学习过程。一些教师在课堂上所运用或者是鼓励学生采纳新的学习方式，从整体上看是合乎教学方式或者是学习方式的要求，但在实质上却与课程改革所要求的教学质量相差较大，有的甚至没有效果。这种表面上的自主学习、探究学习或者是合作学习只是具有它们的表面特征，内在实质的东西涉及得很少。在教学中，课堂教学气氛十分热烈，学生也相当活跃，但是当一堂课结束后，我们在评估学生到底学了什么，教师又给学生那些知识，完成了那些目标时，学习效果究竟如何，教师也不知道。其二，拼接式的学习方式，即在传统的课堂教学中加入合作和探究。在这种学习方式中，学生讨论时间过短，往往属于课堂教学的点缀，是一种象征性学习方式，实质上是传统接受学习方式的翻版。因此，在转变学生学习方式的过程中如何真正实现学习方式的转变，保证课堂教学的质量和效率是教师应该考虑的问题。

2. 教师在教学中过于重视新的学习方式，忽视或者抛弃传统的接受学习方式

新课程改革的目的之一是转变学生过于接受的学习方式。我们应该注意的是，新课程并不是单纯地否定或者抛弃传统的接受学习方式，而是强调"过于接受"，这就蕴涵着我们不是全盘否定传统的接受学习方式。而在教学中，由于教师理解上的偏差，一些教师完全否认或者抛弃传统的接受学习方式，于是课程改革中充满了合作、探究，似乎缺少了新学习方式的课程就失去课程改革的意蕴。从实质上说，接受学习对于一些基本知识的掌握有重要的价值，任何学习都是以一定的知识为基础的。因此，任何人的学习也就不可能脱离接受学习，所以我们所要做的是如何更好地发挥传统接受学习的优势，使之与现代的学习方式有机的结合，促使学生掌握有效的学习技能，更好地促进自己的发展。

3. 教师缺乏课堂调控的技巧

学习方式变革中教师课堂调控技巧缺乏表现在两个方面：首先，学习活动中，课堂噪音过大。在新课程实施中，教师往往一宣布讨论或者探究开始，学生便开始大声讨论。在课堂上，你根本听不到学生在说些什么，说的内容与学习有关还是无关，讨论一段时间以后，教师再问几个问题，算是结束。这样的学习方式，从表面上看是活跃了课堂教学气氛，但实际上是一种无效的学习，甚至是在浪费学生的宝

贵时间。其次，课堂教学秩序混乱。在学习活动中，学生没有明确的合作、探究的问题，没有预先的准备就开始学习活动。结果是想到哪里，说到哪里，是一种脱离主题的学习。有的教师往往一节课都在讨论，学生都在说，课堂上乱哄哄的，处于一种无序的状态。诚然，新课程所倡导学习方式变革的同时，教师教学方式也发生相应的变革，这种变革反映在课堂上，课堂气氛确实比以前活跃，课堂也就活起来。但是这种活跃绝不是学生无目的的讨论或者是整节课的讨论，而是体现出活而不乱，课堂秩序的混乱往往反映出教师缺乏相应的课堂控制技巧。

4. 教师在学习方式转换中的角色迷失

学习方式变革中，教师正确的角色是学习活动的指导者和促进者。新课程实施后，现代的课堂教学方式发生变化后，一些教师往往不明白自己在合作学习中的角色是什么，迷失了自己的角色。教师角色迷失的表现是：第一，教师在合作学习中充当仲裁者。新的学习方式比较注意培养学生的批判意识和问题意识，形成学生的创造性思维能力。而在实际课堂教学中，教师在教学行为上有意无意地用唯一正确的标准答案评定学生探究或合作得出的不同结论，教师在教学中充当的是仲裁者的角色。因此，在实际学习活动中，课堂学习的中心归根到底还是由教师来控制，教师在教学中用预先设计好的计划或者程序，把学生引导自己设计的框架内，学生学习的自主性和主体性其实是被教师忽略了。很多时候，教师不是在为学生的思维活创造一定的条件，相反，本来良苦的用心却成为学生创造性思维的扼杀者。第二，教师成为旁观者。课堂教学中，教师布置好学习任务，学生开始合作或者探究学习活动，教师既不到课堂上巡视，也不指导学生、参与学生的学习活动，而是无事一样站在讲台上，似乎学生的学习活动与自己无关。教师所扮演的是学生学习旁观者的角色，忽视教师作为指导者、参与者和促进者的作用。教师在课堂教学中关注的不是学习的过程，而是学习活动的结果，只要有同学能说出正确的答案，学习的目的就算是达到了。即使只有一个人完成，其他同学参与与否都无关紧要。在这种学习过程中，教师既不指导学生的学习活动，也不关注学生活动的状况，结果使原来参与意识本来就不强的学生有可乘之机，在学习活动中做与学习无关的事情。特别是在探究学习、合作学习中，教师布置完任务，学生开始讨论，有些教师往往在讲台上一站，似乎学生的讨论或者是合作学习与自己无关，结果使学生的学习缺乏有力的指导，这在某种程度上影响教学质量。

二、课程实施中学习方式现状的反思

课程实施中学习方式变革有可喜变化，但是也有一定的隐忧。面对学习方式变革存在问题，我们需要反思，只有不断地反思，才能找出这些问题背后隐藏的深层次的原因，为学习方式的真正变革提供借鉴。

1. 如何缩小教师自身素质与学习方式变革基本要求之间的差距

学习方式变革是一个复杂的过程，是多种因素综合作用的结果。学习方式变革中重要的因素之一就是教师。因为，学生学方式的变革是通过教师来引导的，是通过相应的教学方式来进行的。因此教师的素质是学生学习方式转变的关键因素。学习方式的变革要求教师能正确理解学习方式改革的基本理念，能正确认识学习方式的含义，能够正确地理解和运用适当学习方式，能够具有高超的课堂控制技巧。这是学习方式变革对教师的要求。而在实际的情况是，一些教师缺乏对学习方式变革的深入理解，满足于表面上做文章。由于教师长期居于课堂教学的权威地位，在学习方式变革中缺乏足够的课堂控制的技能和技巧，教师对自己在课堂教学中的角色定位不当，影响学生学习方式的转变，间接影响课堂教学的效果。提高教师自身在理论和实践上的素养是学习方式变革的关键。笔者认为提高教师的素养，应该从以下几个方面着手。

（1）提高教师对学习方式变革基本理念的理解。

教师对课程改革基本理念的理解是课程得以实施的一个重要的因素。这种理解往往通过教师课堂教学中的行为表现出来。在课堂教学中，学习方式上流于形式，往往是教师对学习方式的变革理解不深入所致。学习方式的变革绝对不是表面上的，也不是把原来的有利于学生学习方式转变的教学方式拿来就能发挥应有的作用。在运用学习方式中，我们更多的是理解学习方式发生的条件，学习方式的基本内涵，以及如何有效的应用，而不是只追求表面上程序。换句话说，就是要从单纯模仿走向创造性地应用，这样才能真正发挥学习方式的作用。任何一种学习方式都有它的应用范围，不顾教育现实状况，学习内容的需要盲目地追求时尚，不仅不可能发挥学习方式的作用，有时会起相反的作用。此外，传统学习方式与现代学习方式的关系问题，也与教师对课程的理解有关。对待传统的学习方式我们要采取辩证的观点。接受学习运用得好，如教师擅长讲授，也可以主动地向学生传递知识，运用不好的话，授课会很沉闷，让人昏昏欲睡。探究式学习能启发学生的思维，但是运用得不好，也可能使课堂讨论变得杂乱无章，离题万里。因此，不能在主观上认为接受学习是落后的，探究学习是先进的。

（2）提高教师缺乏课堂调控的技能和技巧。

以往的课堂教学，教师是课堂教学的权威，主要是以传递—接受的教学模式为主，教师讲，学生听，学生只要完成教师教授的知识，学习过程也就终结了，教师调控课堂的技能和技巧要求相应地较低。而新课程所要求的课堂教学与以往的不同，在新课程中，由于学生学习的主体性得到发挥，学生成为学习的主人，课堂教学方式也发生了相应的变化，教学中不确定性增加，这对教师课堂调控技能和技巧的要求会更高。这样,教师自身课堂调控技巧偏低与新课程要求之间的矛盾,必然会在课堂教学中反映出来。笔者认为提高教师课堂调控技巧教师首先要掌握课堂控制的基本理论,在熟练掌握课堂教学控制理论的基础上,提高自己课堂调控的能力。其次,教师要在教学不断地反思。学习方式对于教师和学生来说都是新的事物,学习方式变革都是在摸索中前进。教师只有在课堂教学后不断地反思,总结经验得失,才能提高自己课堂调控的技巧,才能适应课程改革的需要。

(3)教师要完成角色的转变。

传统的课堂教学模式中,教师是课堂教学的权威,以权威者自居。在新的学习方式下,教师的角色发生了大的变化,教师成为指导者、参与者、合作者。一些教师往往不适应这种转换,因此在学生学习方式的转换中无所适从。一些教师往往不适应合作学习转换的需要,在探究学习、合作学习的过程中,变相地充当权威者的角色,或者逃避教师的责任充当旁观者。教师充当权威者的角色是教师传统的角色在新学习方式中的翻版,而旁观者的角色恰恰说明了教师对课程改革的不适应。但是从学习方式变革的角度上看,无论是权威者,还是旁观者,都不是学习方式所要求的理想的教师角色。因此,教师在学习方式中对自己角色的正确定位,是促进学习方式变革的重要因素。

2. 学校以及相关的部门如何为学习方式的变革提供支持

学习方式的变革需要学校和相关教育部门的支持,没有他们提供相应的外部支持学习方式的变革很难。笔者认为,学校以及相关的教育部门的支持表现在以下几个方面:

(1)以学校为本,建立和完善校本培训、校本行动研究和学校为本的教学研究制度。

培训是提高教师自身的理论和实践素质的基本途径之一。课程改革之初,通识培训在学生学习方式的转变中发挥了积极作用。但是,由于通识培训是开始的、初级的培训,培训多停留在对课程纲要和课程标准的解读上,因此它很难与实际学科相结合,与具体的课堂教学实例相结合,教师也很难把一些理解转化为实际的东西。因此,课堂教学中学习方式流于形式也在所难免。另外从培训形式上看,主要以讲授、讲座等为主,缺少一种探究式的,案例分析式的培训,教师参与实践少。因此,教师就只能是单纯地模仿。为此,笔者认为应该建立起以学校为本的校本培训和校本教学研究制度。以学校为本是新课程实施的一个重要的条件,因为任何一项改革的推进与实施,起主导作用的不是教育行政部门,而是学校组织。校本培训就是要转变以往教师培训过程中,专家讲座—教师聆听传递活动,使教师由"被培训者"、旁观者转向积极的参与者。[2]校本培训能克服通识培训中脱离实际课堂教学的状况。在培训中结合教师课堂教学的实践,通过课堂教学生动的实例使教师理解和掌握学习方式的有关理论和方法。校本行动研究，是回应教师成为研究者的呼吁，使教师在学习方式转变活动中，通过自己的实践，探索，反思，提高学生学习活动的有效性。教师的研究需要一定的研究机构来支持，因此还要建立以学校为本的教学研究制度。这种研究制度是以学校的教学研究机构为主体，整合学校的全体教师，教研员和校外的专家、学者，发挥教师在教学研究中的主体地位，教研员和专家、学者的指导作用，使学校成为教学研究的主要机构，以此来促进学习方式的研究。以校本为主，形成一系列的教师校本培训和提高机制，是提高教师对学习方式的理解与认识，积极从事课程改革的保障。它的基本的立足点是，强调教师在学习方式和研究中的主体性，实质上为教师在课堂教学中更好地实施新课程做了理论和实践上的准备。

（2）建立科学的评价标准。

课程改革对大多数学校和教师来说是一个新生事物，特别是对课堂教学中教师的教学方式和学生的学习方式效果的评价尚处于一种探索的阶段。由于缺乏有效的评价，一些教师往往从表面上看待教学方式或者是学习方式，如有的教师认为只要有讨论，有探究、有合作就一定能转变学生的学习方式，就一定能取得预期的学习效果。因此，导致教师在课堂教学中很少深入研究学习方式的实质，只追求一些表面的东西。此外，对于课程改革不适当的评估也可能导致学习方式转变出现一些问题，如有些地方的教师本来尚未具备掌握新的教学方式或学习方式的能力，但却为了应付评估和检查，急于向人们展示课程改革的成果，这种急功近利的思想也容易使学习方式的转变出现一些问题。因此建立一种相应的科学的评价指标体系，是学习方式转变的当务之急。另外，教育行政部门在对课堂教学评价的时候，不应该过于频繁，这样做，一方面会影响学校的正常的教学工作，另一方面也会使学校出现急功近利的倾向，影响学习方式的转变。

学习方式的变革是一个复杂的过程，它几乎涉及课程改革的所有的方面。因此学习方式转变中，只有把教师因素、学校以及其他相关的因素有机地整合，才能克服学习方式转变中的问题，使学生学习方式转变落到实处。

小学教育专业课程设置与基础教育改革协调发展研究

新基础教育课程已于2001年秋季在全国27个省区市,38个实验区开始试行,不久将在全国全面实施。在基础教育改革中,小学教育是基础的基础,小学课程改革的有效实施,对整个基础教育的课程改革的顺利进行具有举足轻重的作用。无论是新课程目标的设置、新课程标准的制定,还是适应新课程的学习方式、教学方式,都会影响到高师院校小学教育本科专业学生的培养方式。这场新一轮的小学教育课程改革,必然引起小学教师的智能结构发生新的变化,从而对小学教师的培养提出更多更新的要求。教育部在《基础教育课程改革纲要(试行)》中指出:"师范院校和其他承担基础教育师资培养和培训任务的高等学校和培训机构应根据基础教育课程改革的目标和内容,调整培养目标专业设置和课程结构,改革教学方法。"这就需要调整目前小学教育本科专业的课程体系,使其同基础教育课程改革协调发展,从而更好地体现高师为基础教育服务的性质。

一、新基础教育改革应注重课程的综合性

新基础教育课程改革注重课程的综合性,要求高师小教本科专业加强通识教育课程比例和重组专业课程。这对高师小教本科专业学生培养具有特殊的意义。新确立的基础教育课程体系的基本框架非常注重实现课程的综合性。如在小学阶段设置:品德与生活、体育、艺术(音乐、美术)、综合实践活动等课程。这些课程的设置打破了传统基础教育课程中分科教学过早,容易造成知识割裂的局面,以全新的形式来对学生进行培养,使他们能够对知识对世界形成整体认识。小学教育课程的这种变化趋势必然要求高师小教专业课程设置要随之变化。一是加强通识教育课程。通识教育是指高等教育中的非专业教育部分,它以注重学生的人文精神的熏陶,凸现人文社会科学在大学教育中的作用为其主要特征。一般认为,通识教育是一种具有普遍意义的人生教育,旨在培养积极参与社会生活的、有责任感的、全面发展的社会公民,它以独特的人文精神支持科学与人文的交融与结合,从到达至成人又成才的大学培养目标,而在高师小教本科专业学生进行通识教育,更有其独特

的目的与意义，因为小学教育课程改革已推行了上述的综合课程，如果小教本科专业还像高师其他专业相对"专门化"的课程设置，还受狭窄的专业与学科限制，培养的学生就不能适应小学教育课程改革对教师素质的要求。就目前高师小教育本科专业来看，实际上有两大课程体系为通识教育服务。一类是公共必修课，即各专业学生都必须学习的，包括"两课"、外语、体育、计算机等这些课程的设置受教育主管部门的指导评价，有明确的课时数及明确的等级考试标准等；另一类是除公共选修课之外，再开设的通识课程。针对小学教育专业特点及基础教育课程改革强调综合性的特点（如艺术课、科学课），小教专业应开设人文科学类（如社会科学概论、大学语文、中国历史研究、教育史等），自然科学类（如自然科学概论高等数学、自然科学史、大学物理、自然地理等），艺术类课程（如乐理知识、美术知识、舞蹈课等），以开阔学生的视野，扩大知识面，培养学生的人文、科学素质，并在毕业后，可以胜任"科学"课和"艺术"课的教学。二是对专业课程进行整合。新基础教育课程改革要求小学教师必须具备较宽的基础文化知识和体现大学文化的专业性知识。较宽的文化基础知识，应在通识类课程中解决，而体现大学文化"专业性"知识则需要进行重新组合。因为小教专业不同于其他专业的"专门化"，要体现综合性、基础性。在不同方向的设置上如小教文科方向，小教理科方向等都要考虑对学科内容进行合理剪辑、科学重组。学科中的基础知识、基本概念、基本学理、基本规律、基本观点是学科知识体系的基础，也是学科发展中最为稳定的内容，必须予以重视。学科专业知识是教师专业化的标志，也必须保证。但应克服按学科研究人员的知识层次设置专业课程的倾向，在拓宽夯实基础的前提下，压缩专业课程，合理筛选专业课的内容，注重通过专业课的设置使学生掌握学科学习和研究的思想方法，提高专业课的实际效果。克服单纯注重每门课程的理论结构完整和内在逻辑严密的倾向，增强课程内容的适应性和时代性。引入反映学科前沿成就和发趋势的内容，使课程教学与社会的发展和科学的进步相适应。例如，在小学教育专业不同方向方面，课程设置一定要注意和高师其他专业相区别，在小教理科方向上，其专业课设置不能和"数学专业"完全一致，要按上述要求整合"数学学科"内容，体现小学教育专业设置综合性的特点。

二、新基础教育课程强调课程的实践性

新基础课程改革要求在小学高年级开设综合实践活动课这类课程，包括研究性学习、社区服务、社会实践及劳动与技术教育。综合实践活动课的设置是为了给学生提供实践的机会，提供与社会生活贴近的机会。强调学生通过实践，增强探究和创新意识，学习科学研究的方法，发展综合运用知识的能力，增强学校与社会的密切联系，培养学生的社会责任感。新基础教育的这种变化给高师小学教育专业提出

了新的课题，因为目前高师小教本科专业活动课程设置较少，课程设置以专业理论居多，很少有让高师生自己动手、主动参与的实践活动课程，教出来的师范生只懂理论，不懂操作，这样的学生分到小学，又怎么能教好综合实践活动课呢？

因此，必须加强小教专业的实践活动课程的设置。一是加强研究性学习的训练。研究性学习使教师的教学方式和师生互动方式发生根本性的变化，高师应积极主动适应这一变化，设置研究性课程。讲清研究性学习的基本理论、基本操作，并在教学中实施，教师要指导小教本科生选择研究课题，自主地开展研究，在研究过程中掌握研究性学习的实质和内涵，获得参与研究探索的体验，为毕业后指导小学生进行研究性学习和开展教学研究打下基础。二是设置社会实践课程，指导高师小教本科生走出学校，参与社区服务。目前，全国许多大中城市在走建设学习型城市、学习型社区，高师院校的教师应指导小教本科生利用自己的知识，了解社会、参与社区、关心社区、服务社区，从而为建立学习型社区做出贡献。同时在参与社区服务的社会实践中，使学生获得了直接经验，发展实践能力，增强社会责任感等人文素质的学习领域。社区服务与社会实践能使高师小教本科生把自己放在整个社会这一大背景下，把学校的知识学习与社会实践结合起来，并从中学到如何参与社会实践的本领和经验，从而为毕业后指导小学生的社区服务打下了基础。三是增加操作课程设置，真正培养小教专业本科生的动手能力。小学教育课程改革中，劳动与技术教育课的理念之一是在动手与动脑的紧密结合中促进学生技术素养的形成。要使学生动手与动脑结合，教师首先必须学会动手与动脑结合，为此高师小教本科专业应开设手工课、剪纸课、简笔画、折纸等课程，以训练小学生的动手能力，这类课程可列入公共必选课。

三、新基础教育课程改革的重点之一是转变学生的学习方式

针对基础教育课程实施中过于强调接受学习、死记硬背、机械训练的现状，新基础教育课程倡导，具有"主动参与、勇于探究、交流与合作"为特征的新的学习方式。这就要求高师小教本科专业加大教育类课程的比重，同时对教育类课程进行整合，加强教育类课程与小学教育实践的联系。对于小教专业本科生"教什么"我们已经知道，但"怎么教"这就是教育理论素养问题，教育理论课程是从理论上和实践上告诉我们"怎么教"的问题。而教得好势必会影响学的方式，"主动参与、乐于探究、交流合作"必须有教师的正确教育理念为指导，而正确教育理念的形成必须依赖教育类课程的学习与掌握。所以新基础教育课程中学习方式的变革要求我们对高师小教本科专业的教育类课程设置进行整合。一是高师小学教育本科专业的教育类课程应作为课程体系中的"标志课程"，甚至是重点支柱课程。其任务是培养高师小教本科生的教师角色意识，增强教育理论意识，树立正确的教学指

导思想，训练适应新基础教育课程改革学习方式变化的基本教学技能，和培养基础教育研究者。新基础教育课程体制的变化，使教师从单一的课程实施者转变为课程的开发者和评价者，从单纯的教者转变为教学研究者，这无疑需要教育理论的支撑。二是整合教育学、心理学和学科教学法等课程。加强教育类课程理论体系的研究与重组，优化教学内容，删除陈旧重复的内容，增加教育类课程的现代性和时代性。从结构体系上，高师小教专业教育类课程应划分为教育理论综合课和教育技能训练课两大块。教育理论综合课应由《基础教育的理论与实践》《小学教学论》《儿童思维与发展心理学》《学科教育论》《小学教育科学研究法》《小学生心理健康教育》《小学教育统计与测量》等短学时的必修与选修课程组成。通过这些课程的学习能让学生掌握教育的基本理论，初步形成正确的教育观念和教育思想。教育技能训练课应包括班主任、教学技能训练、普通话、"三笔字"等，通过这些课程的学习，初步训练学生具有从事教育教学工作的基本技能，为成为合格小学教师打下基础。三是把基础教育课程改革的理论及素质教育的理论体系纳入教育类课程，使高师小教本科生理解基础教育课程改革以及素质教育的涵义、特征及理论基础，认识基础教育课程改革及实施素质教育的历史必然作用，促进信息技术与学科课程的整合，逐步改变教学内容的呈现方式，调动学生积极参与，从而使学生更加努力学习教育理论，以适应基础教育的改革与发展。

四、普及信息技术在教学中的应用

新基础教育课程改革在教学过程中要求"大力推进信息技术在教学过程中的普遍应用，学习方式、教师的教学方式和师生互动方式的变革，充分发挥信息技术的优势，为学生的学习和发展提供丰富的教育环境和有力的学习工具。"这就要求高师小教本科专业要加强信息技术教育课程。

加强信息技术教育是高师小教本科专业的重要任务。在课程设置上应加强以下方面：一是加强各专业普遍开设的计算机文化、现代教育技术、网络技术等信息技术系列课程，使学生掌握有关的基础知识、操作技术和应用开发能力。二是加强信息技术的选修课。基础教育课程改革中要求把信息技术与学科课程整合即在课程教学中把信息技术、信息资源、信息方法、人力资源和课程内容有机地结合，以实现课程目标的一种新教学方式。在这种方式下，教师要把课程内容编制成电子文稿、多媒体课件、网络课程等，作为学生学习的资源，这就要求教师要进一步掌握计算机方面的知识。如，为了适合小学生的特点，在多媒体课件制作中不只是简单的幻灯片，而是带有动画效果的课件，而制作这种课件需要学习 Photoshop, Authorware 和 Flash 等计算机课程。建议高师小教本科专业把这些课程纳入选修课，以适应基础教育课程改革的需要。

五、小学教育专业的课程设置要突出综合性

高师院校小学教育本科专业课程体系必须与新基础教育课程改革协调发展，但这种协调发展并不是简单地适应小学教育改革，高师教育要研究小学教育，引导小学教育改革，是在研究引导的基础上的协调发展；是把小学教师培养纳入高等教育体系下，是在大学文化层次下的协调发展。

高师院校小学教育本科专业的课程设置，要体现基础教育课程改革的要求，要体现目前通用的"综合培养、全面发展、一专多能"的培养模式。为此高师小学教育专业的课程设置要突出综合性，开设一定数量的学科交叉课程；增加通识类课程、教育类课程的比例，加强教育类课程本身的内在整合；促使学科专业课知识科学嫁接，以及专业课程之间的科学整合；加强综合实践活动课程（包括教育实习）；加强信息技术教育课程。

总之要使整个课程体系呈现出开放性、时代性的特征，使未来小学教师具有较高的人文素质、科学素养以及教师的基本技能素养，能够适应并促进基础教育课程改革。

教师教育类课程设置：
性质、现状、问题与对策

课程问题是我国高等教育存在的一个突出问题，而教师教育类课程作为"师范性"的重要体现更是受到研究者的关注和重视，这反映在不同历史时期的特定要求下研究对象的不断丰富和研究内容的不断细化。尤其是在《教师教育课程标准（试行）》及"教育部关于大力推进教师教育课程改革的意见"颁布的背景下，教师教育类课程已经无法"以不变应万变"进行局部的修修补补，其自身发展面临着一些困境，出现了一系列亟待解决的问题。许多理论研究者和实践工作者就此类问题进行了认真的分析和探索，提出了许多有价值的见解，对这些研究进行整理和评述将会对我国高师教育有所裨益。

一、教师教育类课程性质的定位研究

在教师教育类课程的所有问题中，地位问题是首当其冲的，它影响和制约着人们对其他问题的看法，如对课程比重的设置，课程门类的开设等等，因此在探讨其他问题之前有必要对教师教育类课程性质的认识做一个简单的总结和分析。教师教育类课程又叫教育专业课程、教育科学课程，是指教师教育各专业开设的有关教育、教学理论与方法、技巧、实践等的教师职业训练课程。它是相对于教师教育课程的另两个板块——公共基础课程和学科专业课程而言的。从根本上说，教师教育类课程在教师教育体系中处于什么样的地位是随着对教师教育认识的深化而发生变化的。过去人们理解的教师教育是专业教育（或误认为是学科教育），因此教育类课程是公共课。20世纪90年代，教师教育被提升到"双专业"教育的认识水平，由此也提升了教育类课程的地位。教育类课程地位的提升有宏观和微观两方面的意义。宏观上给教师教育改革提供了一个更高层次的基位，使其更具战略的眼光和生命力；微观上有助于学生增强学习此类课程的自觉性，从根本上提高任课教师的整体实力。

从众多的研究中可以看出理论界对教育类课程极其重视，给予了较高的地位，期望可以借此突显教师教育的"师范性"特色。然而现实并不尽如人意。教师教育类课程的这种"理论厚望"与"现实薄待"的处境和转换的时期，必然产生一系列问题，引发一系列相关研究。

二、对教师教育类课程现状的研究

从公共课到专业课，教育类课程的地位不仅面临理论上的转换，更重要的是面临实际教学中的运作情况。现实中教育类课程地位不高，或不受重视或视为公共课的原因主要有教育观念、传统习惯以及教育类课程本身的问题等方面。研究者们对现状进行了细致的调查和深刻的反思，奠定了改革的前提和基础。诸多研究，无论是各案的、比较的或单纯的反思研究，矛头都指向了课程比重、课程体系和内容、教育实践三个方面。

1. 课程比重

课程比重是指各类课程的学分或学时在总学分或总学时中所占的比例。原国家教委颁发的教学方案规定教育理论课程比重约占15%，但实际上大多远未达到这个要求。学者们或对比国内各院校教师教育类课程的比重，或总结三大板块（公共基础课程、专业课程、教育类课程）所占的课时比例，或从历史的角度和国际对比的角度进行了广泛的调查研究，得出的一致结论是：教师教育类课程课时比重严重偏低，与教师教育其他课程比例严重失调。

一般说来，没有课时或学分的保证就无法加强教师职业的特殊性，就无法保证教师的专业化水准，由此将造成师范职业性和教育学术性的缺失。上述的调查反映出我国教育类课程比重存在的问题。对如何改革，众多研究者不约而同地提出了一点建议：增加。如增加教师教育类课程比重，增加教育实践的时间，增加教育类课程的门类。从根本上说，靠增加的办法改进教育类课程的现状，走的是以数量求质量的路子。但门类的增加和学时的增多是否能够让学生切实具有师范性？体现师范性特点与新增教师教育类课程之间又如何协调？增加教育类课程比重会不会影响其他板块课程的学习，又到底应该增加到什么比重才能达到最佳效果，二者的矛盾如何处理，是值得进一步深入思考的问题。

2. 课程体系和内容

课程体系不是指某一科目的理论体系，而是由构成一定类型的学校课程的各组成部分按照一定层次结构组成的整体。根据诸位专家的研究，教师教育类课程体系和内容上存在的问题主要是"偏、少、旧、死"。偏是指开设形态上必修与选修不协调；少是指课程类型单一；旧是指课程内容陈旧；死是指教学组织形式和方法死板。

课程体系是课程的命脉，课程内容是课程的活力，没有二者的合理设置，必然将大大降低教师教育类课程的实际效果，课程体系拓宽和内容的更新也因此呼之欲出。

在对我国教育类课程体系的改革建议中，研究者多借鉴国外的经验和模式来构想国内的改革，且多与发达国家比较，比较对象单一，比较过程中缺乏对各国国情的研究。国外的经验固然可以起到借鉴的作用，但更重要的是符合本国的国情。要从我国的教育状况和师范院校现有的教育资源出发来思考问题，根据现有情况构建适合我国国情的教育类课程，这方面似乎具有更实际可行的意义。

3. 教育实践

教育实践包括教育见习和实习，它在整个教师教育类课程中具有重要的意义。相关研究主要集中在它的作用和现状。学者们对教育实践的作用给予了准确的定位，如是理论联系实际的重要途径，是必不可少的实践性环节，能够积累经验等。但有些观点如教育实践的"培养职业意识、情感、道德"作用的研究描述过于笼统，将使实际的教育实践无所适从。这些研究同时也指出了我国教师教育实践的现状：时间短、形式化严重、目标简单、管理松散、任务有限等问题。目前就教育实践，相对来说现状、保障机制研究较多，然而其他方面如教育见习、实习生的需求、思想、学校的接受能力和指导能力等研究较为薄弱。再如对课程体系和结构构建等宏观把握研究较多，对一些具体的反映时代特色的新型的教学组织形式、方法手段的研究较少。探索出合适的教师教育类课程体系、内容和实践模式、管理体制，切实提高未来教师的素质还有一段漫长艰难的路要走。

三、教师教育类课程改革的对策研究

面对现实中的种种问题，如何改进使其趋于完善，如何使教师教育类课程的专业课地位从理论到实践得到切实的贯彻，研究者见仁见智，寻找各种改革对策，提出了不同的构想。这些构想主要是针对现实中存在的实际问题，因此有以下几个方面。

1. 改革原则

学者们提出的改革原则主要涉及教育类课程的地位、管理、内容等方面，如应从满足和提升教师专业化水平的角度来审视教育类课程的建设，对教育类课程的组成要素间的内在联系及功能进行全面系统的研究；应遵循科学性原则、现实性原则、多样性原则、层次性原则等等。这些原则对改革的具体策略起到了指导的作用。

2. 课程体系和内容类研究

拓宽教育类课程体系，加大比重，更新内容，成为共通的见识和呼声。对课程体系的改革构想，学者们的研究自成体系。尽管划分标准并不一致，但就各家而言，还是从总体上把握了教育类课程的整体框架，所列课程全面，反映了师范生从教所需的各种理论和能力。而具体课程内容的更新是一个长期、细致、复杂的工作，当前的研究还没有深入到这个领域。

3. 教育实践改革研究

教育实践属于课程体系的一部分，鉴于它的重要性和特殊性，将其单独论述。就如同教育类课程整体上面临比重的问题一样，教育实践也存在着时间上的不足，这是学者们的最大呼声。相关的改革构想集中在时间的延长、分配以及与此相对应的内容和管理方式上。

整合中文类课程：提高小学教育专业本科学生的语文素养

高师小学教育专业本科是我国高等师范教育刚刚出现的一个新的专业，它是为了适应日益发展的基础教育需要而设置的。它的培养目标是高素质、高学历的小学教师。目前，很多高师院校在小学教育专业本科的课程设置上分理科方向和文科方向等，其中文科方向的学生大部分将成为小学语文教师。那么，如何在小学语文教育专业培养出未来的高素质的小学语文教师呢？本文将从小学教育专业本科（文科方向）语文学科课程设置与学生应具备的语文素养进行探讨。

一、整合中文类课程

为了适应小学语文课程改革需要，必须整合高师小学教育本科专业中文类课程，提高学生的语文专业知识素养。

目前，在高素质小学教师培养上，许多高师院校把小学教育专业本科文科方向学生的培养放在了大学的中文系，致使高师中文专业的主要课程照搬到小学教育专业本科，形成了相对"专门化"的课程设置，与高师的"中文专业"没有太大的区别。这种课程体系不符合小学教育专业的特点，培养出来的学生也不能适应小学教育课程改革对教师素质的要求。小教专业的特点强调"综合培养，学有所长"，不可能与高师中文专业完全一致，而基础教育课程改革在小学阶段也十分强调课程设置的综合性。教育部颁布的《全日制义务教育语文课程标准（实验稿）》分别按1～2年级、3～4年级、5～6年级、7～9年级这四个阶段从"识字与写字""阅读""写作""口语交际"四个方面提出阶段目标，体现语文课程的整体性和阶段性。这一课程的提出就要求以培养小学教师为主的高师院校小学教育专业在课程设置上要与之相适应。

但从现在来看高师院校小学教育专业本科学生开设的中文类课程显得特别多，而小教专业的学科专业知识不需要"专门化"，要相对宽厚一些，这就需要对中文类课程进行整合。一是为适应小学各阶段"识字与写字"的目标，这就需要整合现代汉语和古代汉语使之成为汉语言文字课，讲授一学期，并且作为必修课，主要学习汉语语音、词汇、语法、修辞、文字，目的在于培养小学教育专业本科学生以后从教的语言文字基本功，使他们牢固掌握汉语言文字的基础知识；二是为适应小学各阶段"阅读"这一目标，需要将中国文学史、外国文学史、中外文学作品赏析与儿童文学这类中文课程进行整合，称之为"文学基础"讲授一学年，并且作为必修课，目的在于通过文学史的介绍及文学作品的赏析提高学生阅读量，在以后的从教过程中增强分析文学作品的能力；三是为适应小学各阶段"写话、习作、写作"这一目标，需要开设基础写作，讲授一学期，作为必修课，主要学习写作的基础知识，目的在于培养小学教育专业本科学生将来能够讲授小学作文的能力；四是为适应小学各阶段"口语交际"这一目标，需要为小教本科专业开设教师口语，讲授一学期为必修课，重点在于培养学生的语言表达能力。通过上述整合，不仅符合小学教育专业课程设置的整体安排，而且能使学生较为全面地理解掌握语文的基本理论、基本方法，树立正确的文学观，具备从事小学语文教学研究能力，从而能够从整体上提高学生语文专业知识素养。

二、加强语文教育类与普通教育类的课程整合

必须加强语文教育类课程与普通教育类课程的整合，培养高师小教专业学生应用语文的素养。

在《全日制义务教育语文课程标准（实验稿）》中还提出了"综合性学习"的要求，以加强语文课程与其他课程以及与生活的联系，促进学生语文素养的整体推进和协调发展。这就要求加强语文教育类课程与普通教育类课程的整合。高师小教专业语文教育类课程包括小学语文教材教法、小学语文教学研究、小学语文教育心理学、小学语文多媒体课件的设计与制作等。高师小教专业普通教育类课程有小学生心理学、小学生教育心理学、小学教学论、小学教育科研方法、小学活动课程设计、小学教育原理、现代教育技术等。在学习语文教育类课程时，可以将他们与普通教育类课程相互整合，特别注重在小学语文内容方法、学习及教学上的应用。如可以将小学教学论课与小学语文教材教法课相互整合，避免一般原理与具体语文教学方面在内容上相互重复；可以将小学教育科研方法课与小学语文教学研究课中有关教学研究及改革的部分紧密结合起来，说明如何在小学进行教育教学改革及语文教育科学研究；可以把现代教育技术课与小学语文多媒体课件的设计与制作课部分内容整合在一起，也可以将小学活动设计课与小学语文实践活动指导课的部分内容整合在一起。通过整合，使学生不仅对枯燥的教育理论产生兴趣，还能提高他们的现代教育水平，同时使他们充分掌握小学语文的教学规律，从而大大提高高师小教专业学生的应用语文的素养。因为语文是最重要的交际工具，是人类文化的重要组成部分，工具性和人文性的统一是语文课程的基本特点。这就使得应用语文的素

养与教育类课程密不可分。

三、加强教育实践课程设置

必须加强教育实践课程设置，提高学生的语文教学实践素养。

教育实践课程包括教育见习和教育实习。从目前情况看，我国高师院校小教专业学生的语文课外活动较少，组织语文活动能力不强，教育见习、教育实习准备不够，缺乏有效的指导。因此，在条件允许的情况下，有必要延长见习和实习时间，并加强指导。特别是见习，应从一年级开始，每学期至少一次，让学生多体验小学语文教学的全过程，让他们接触到最新的教学方法和教学手段，以提高学生的语文教学实践素养。同时，还要加强教育实习，这是高师生一门重要的实践课程，很多学生在掌握语文专业知识和语文技能方面不错，但教育理论缺乏，实践能力较低，以致实习不理想。所以我们要让学生认识到实习的重要性，并且加强教育实习指导，切实提高实习水平和实习质量，使学生加深对小学语文教学过程的认识，为进一步提高语文实践素养，为他们成为一名高素质的小学语文教师打下良好的基础。小学语文教师的实践素养是一种综合性的素养，是理论与实践密切结合的体现，是与小学生语文学习紧密联系的。教师语文教学实践素养的发挥要以训练学生的语文能力为目标，教师语文教学实践素养的发挥将使小学语文教师从一个讲授者变成一个语文学习环境的创造者，一个课堂资源的提供者，一个实践方法的指导者。高师小教专业学生具备了这些实践素养，在将来的工作中就能将学生真正地带入语文课程领域，培养学生爱国主义感情、社会主义道德品质，逐步形成积极的人生态度和正确的价值观，提高文化品位和审美情趣。

综上："汉语言文字课""文学基础课""基础写作""教师口语""语文教育类课"等课程作为必修课，而"文学概论""美学原理"等一些课程都是与前文所述的中文类课程紧密联系的基础学科或边缘学科，它们可以作为必要的补充成为选修课，这样就形成了大学背景下小学教育本科专业语文类课程的整体，它不同于高师"中文专业"的相对专门化的课程设置，体现了小学语文课程改革的需要，它必将为高师小教专业本科生成为一名高素质的小学语文教师打下良好基础。

整合数学类课程：提高小学教育专业本科学生的数学素养

高师小学教育专业本科是我国高等师范教育刚刚出现的一个新的专业，它是为了适应日益发展的基础教育需要而设置的。它的培养目标是高素质、高学历的小学教师。目前，很多高师院校在小学教育专业本科的课程设置上分文科方向和理科方向等，其中理科方向的学生大部分将成为小学数学教师。那么，如何在小学数学教育专业培养出未来的高素质的小学数学教师呢？本文将从小学教育专业本科（理科方向）数学学科课程设置与学生应具备的数学素养进行探讨。

一、整合数学类课程

为了适应小学数学课程改革需要，必须整合高师小学教育本科专业数学类课程，提高学生的数学专业知识素养。目前，在高素质小学教师培养上，许多高师院校把小学教育专业本科理科方向学生的培养放在了大学的数学系，致使高师数学专业的主要数学课程照搬到小学教育专业本科，形成了相对"专门化"的课程设置，与高师的"数学专业"没有太大的区别。这种课程体系不符合小学教育专业的特点，培养出来的学生也不能适应小学教育课程改革对教师素质的要求。小教专业的特点强调"综合培养，学有所长"，不可能与高师数学专业完全一致，而基础教育课程改革在小学阶段也十分强调课程设置的综合性。教育部最新颁布的《全日制义务教育数学课程标准（实验稿）》将数学内容分为"数与代数""空间与图形""统计与概率""实践与综合应用"四个领域，在内容和层次上均体现出整体性和连贯性。

"数与代数"这个领域主要包括数与式，方程、不等式、函数它们都是研究数量关系及其变化规律的数学模型，可以帮助人们从数量关系的角度更准确、清晰地认识、描述和把握现实世界。数与代数的内容历来是我国小学数学内容的主体，这就要求高师小教本科专业学生掌握数学分析、高等代数、函数等专业知识。

"空间与图形"这个领域的主要内容涉及现实世界的物体、几何体和平面图形的形状、大小、位置关系及其交换，它是人们更好地认识和描述生活空间进行交流的重要工具。现在的小学数学课中含有的这些初步的几何知识，要求高师小教专业学生掌握一些空间解析几何知识、高等几何知识是非常必要的。

"统计与概率"这部分内容主要研究现实生活中的数据和客观世界中的随机现象，它通过对数据的收集、整理、描述和分析以及对事件发生的可能性的刻画，来帮助人们做出合理的推断和预测。概率统计的初步知识在小学数学教材中地位的加强，要求高师小教本科生要学习概率论、数理统计方面的知识。

"实践和综合应用"这部分内容将帮助学生综合运用已有的知识和经验，经过自主探索和合作交流，解决与生活密切联系的问题，具有一定的挑战性和综合性，以此发展学生解决问题的能力。因此，高师小教专业本科生应掌握应用数学的理论与实践，包括线性规划初步、运筹学初步、组合论初步、数学建模、小学数学实践活动指导等。这些现代数学知识在小学数学游戏活动课及思考题中均有所涉及。

综上所述，高师院校小学教育专业本科学生要学习的数学类课程显得特别多，而小教专业的学科专业知识不需要"专门化"，要相对宽厚一些，这就需要对数学类课程进行整合。一是把学分析、高等代数、空间解析、概率初步等的基本知识合并为一门课，称之为"大学数学"，讲授一学年，并且作为必修课；二是将线性规划运筹学、组合论、图论等基本知识合并为一门课，称之为"现代数学初步"讲授一学期；三是开设小学数学竞赛课程、数学史课程，可丰富学生的数学知识，开阔视野，并使学生对人类认识数学的历史现状和新的发展趋势有所了解。通过上述整合，不仅符合小学教育专业课程设置的整体安排，而且能使学生较为全面地理解掌握数学的基本理论、基本方法，树立正确的数学观，具备从事小学数学教学研究能力，从而能够从整体上提高学生数学专业知识素养。

二、加强数学教育类与普通教育类的课程整合

必须加强数学教育类课程与普通教育类课程的整合，培养高师小教专业学生应用数学的素养。高师小教专业数学教育类课程包括小学数学教材教法、小学数学教学研究、小学数学教育心理学、小学数学问题解决与思维训练、初等数论（算术理论）、小学数学多媒体课件的设计与制作等。高师小教专业普通教育类课程有小学生心理学、小学生教育心理学、小学教育科研方法、小学活动课程设计、小学教育原理、现代教育技术等。在学习数学教育类课程时，可以将他们与普通教育类课程相互整合，特别注重在小学数学内容方法、学习及教学上的应用。如可以将小学教育科研方法课与小学数学教学研究课中有关教学研究及改革的部分紧密结合起来，说明如何在小学进行教育教学改革及数学教育科学研究；可以把现代教育技术课与小学数学多媒体课件的设计与制作课部分内容整合在一起，也可以将小学活动设计课与小学数学实践活动指导课的部分内容整合在一起。通过整合，使学生不仅

对枯燥的教育理论产生兴趣,还能提高他们的现代教育水平,同时使他们充分掌握小学数学的教学规律,从而大大提高高师小教专业学生的应用数学的素养。因为数学作为一种精确的语言,不但具有重要的形式训练,而且具有重要的应用价值。高师小教本科生要学会运用数学的思维方式去观察分析现实社会,去解决日常生活中其他学科学习中的问题,增强应用数学的意识,而这些应用数学的素养是与教育类课程密不可分的。

三、加强教育实践课程设置

必须加强教育实践课程设置,提高学生的数学教学实践素养。教育实践课程包括教育见习和教育实习。从目前情况看,我国高师院校小教专业学生的数学课外活动较少,组织数学活动能力不强,教育见习、教育实习准备不够,缺乏有效的指导。因此,在条件允许的情况下,有必要延长见习和实习时间,并加强指导。特别是见习,应从一年级开始,每学期至少一次,让学生多体验小学数学教学的全过程,让他们接触到最新的教学方法和教学手段,以提高学生的数学教学实践素养。同时,还要加强教育实习,这是高师生一门重要的实践课程,很多学生在掌握数学专业知识和数学技能方面做得不错,但教育理论缺乏,实践能力较低,以至实习不理想。所以我们要让学生认识到实习的重要性,并且加强教育实习指导,切实提高实习水平和实习质量,使学生加深对小学数学教学过程的认识,为进一步提高数学实践素养,为他们成为一名高素质的小学数学教师打下良好的基础。小学数学教师的实践素养是一种综合性的素养,是理论与实践密切结合的体现,是与小学生数学学习紧密联系的。教师数学教学实践素养的发挥要以训练学生的数学能力为目标,教师数学教学实践素养的发挥将使小学数学教师从一个讲授者变成一个数学学习环境的创造者,一个课堂资源的提供者,一个实践方法的指导者。高师小教专业学生具备了这些实践素养,在未来的工作中就能将学生真正地带入数学课程领域,使学生身临其境地体会数学、学会数学、会学数学。

四、开设数学思维方法、数学建模课程

应开设数学思维方法、数学建模课程,强化学生的数学思维素养。数学学习本质上是一种思维活动,数学在训练思想、提高思维水平方向发挥着突出的作用。所以对高师小学教育专业学生要注重数学思想教育,数学思维能力和思维品质的培养,这就要开设数学思维方法课和数学建模课等。在数学思想方法课中,应注意提高学生已有的数学思想方法,逻辑思维的层次水平,除了讲清他们较熟悉的分析、综合、归纳这些基本的数学推理方法外,还要强化观察与猜想、联想与类比、抽象

概括、数形结合、语言切换以及构造、化归、枚举、驳论等思维方法。从而可进一步强化学生的数学思维素养。在数学建模课中要明确数学建模作为一种解题策略，其作用十分突显，让高师小教本科生亲自探索、发现，逐步建立起有效的数学模型，通过研究模型解决实际问题，从而使学生获得广泛的教学活动经验。数学模型方法是基于实践之上的一种数学认识，它是人们用以认识世界和改造世界的一种基本方法。模型的直观性使学生的解题思维非常清晰，模型的抽象性使解题的思路拓宽。所以，通过数学建模使学生的想象力和创造思维能力得以提高，从而进一步提高了学生的数学思维素养。

综上："大学数学课""现代数学初步""数学教育类课""数学思想方法""数学史"及"数学建模"等课程形式形成了小学教育专业数学类课程的整体，它不同于高师"数学专业"的相对专门化的课程设置，体现了小学数学课程改革的需要，它必将为高师小教专业本科生成为一名高素质的小学数学教师打下良好基础。

第三编　小学教育专业建设的探索

2009年吉林师范大学小学教育专业被评为国家第一类特色专业,并获得国家专项建设资金20万元。同年,小学教育专业教学团队被评为吉林省优秀教学团队。2011年顺利通过吉林省"十一五"特色专业验收并被评为吉林省"十二五"省级特色专业。2012年获得教育硕士学位授予权。2014年"全科发展,学有专长——卓越小学教师培养模式创新设计"被教育部列为卓越小学教师培养改革项目。2016年作为吉林省唯一一所高校承担了"吉林省卓越小学全科教师计划",开展了免费师范生定向培养为卓越小学全科教师的试点工作。承担了吉林省小学骨干教师、小学特岗教师及中西部地区小学骨干教师培训任务。在艾瑞深中国校友会网编制完成的2015年和2016年《中国大学本科专业评价报告》中,吉林师范大学小学教育专业分别位于中国大学最佳专业排行榜的第 9 位和第 10 位。

　　吉林师范大学在小学教育专业建设中创新性地提出了"德仁兼修兼长，学科共融共生，理实相辅相成，校地协同协进"的人才培养理念；科学定位了卓越小学教师"德高学厚、技实长显"的培养目标，探索性地制定了卓越小学教师培养标准，构建并实施了"敦厚德仁、夯实素养、融合理实、协进校地、强化管理"的培养模式，具有很强的理论价值与实践意义。是地方高师院校卓越小学全科教师人才培养的成功探索。为上级教育行政部门制定相关政策提供了理论依据，为地方高师院校卓越小学全科教师培养提供了有益经验。

小学卓越教师职前培养的研究与思考

为谋求深化教师教育改革的突破口和立脚点，培养党和人民满意的好教师，教育部日前决定全面启动实施卓越教师培养计划，制定了《关于推进卓越教师培养计划改革项目实施工作的通知》，小学卓越教师的培养工作由此展开。

一、小学卓越教师的特征

根据《小学教师专业标准》结合卓越的含义理解，简单地说，小学卓越教师就是拥有高尚的师德，广博的知识和突出的教学能力并且能够取得良好教学效果的小学教师。小学生所在的年龄阶段表现出的生命性质是具有敏感性、发展性、无限性和创造性等特点的，而国家培养以卓越为小学教师冠名的计划就是为适应教育对象的特殊性和社会发展的需求性。因为小学卓越教师相对小学普通教师相比所表现出的特点更符合小学生的成长需要，保证良好的教学效果。具体来说主要表现为以下几点：

1. 具有强烈教学动机

小学卓越教师往往对教育事业拥有极高的热情，他们工作动力的所在是由内而外的，对自身有明确合理的定位，能够主动地向外探索，为教育注入生机和活力。

2. 具有合理的知识体系

除了扎实的专业知识外还拥有广博的通识知识，能够在教学的过程中扩展学生的知识面，丰富教学内容，拓展教育视野，实现教学目标最大化。

3. 灵活变通的教学能力

在教学的过程中能够运用教育智慧灵活的应对突发事件，处理教学事物，适时改变策略，调整方向。并且在教学中能够融入教学艺术，增加教学的艺术性和趣味性。

4. 能够胜任多科教学

体现了业务素质的综合性，能够帮助学生把不同学科的知识联系起来，构建自身的知识体系，促进学生发展的完整性。并能根据岗位需要灵活的调整自身的工作。

5. 师德高尚，个人魅力突出

对教育事业的责任心和使命很强，并且道德感突出，对待教育对象一视同仁，而且能够在为人处事方面为学生树立良好的榜样。拥有独特的个性，有亲和力，善于交往，能与周围的人建立起良好的合作关系，帮助教学工作的开展。

6. 拥有先进教学理念

能够根据时代的发展不断更新自身的思维和理念，与时俱进，用最先进的教育理念开展教育工作，并敢于尝试和探索新的教育模式，寻求更符合小学生发展的良好教学效果的途径。

二、小学卓越教师职前培养工作的现状分析

小学卓越教师培养计划实施的时间不长，对职前培养的配套政策和各高校落实规划都有待完善和提高，其中暴露出许多缺点和不足。

1. 缺乏相关的政策机制保障职前培养的方向性

教育部提出培养小学卓越教师计划，虽然明确了小学卓越教师的开展工作，但并没有进一步的实施标准的法规和文件规范细节工作的走向，造成了培养方向的模糊。对小学卓越教师的界定没有权威的评判部门和评定机制，这就造成了培养方向的模糊性。缺乏相关机制确保小学和高校之间的紧密合作。目前由政府牵头，高校的学生被分派到各小学进行实践学习，但是由于两校之间并没有进行及时良好的沟通，并且缺乏对学生实践学习的重视。导致学生的实践学习往往流于形式，学生和学校都在做表面工作，学生没有在教学实践的过程中把学过的理论知识应用进去，造成理论和实践脱节，造成学生的教学能力不高，教学技能不熟练。结果造成了高校的培养目标和小学的实际需要不相契合。

2. 小学卓越教师职前培养的生源质量问题

师范院校是培养未来教师的主要阵地，目前许多师范院校面临生源不足和运转资金短缺问题而不得不降低分数大肆扩招，许多不具备教师基本素质的学生被招收

进来。另外，应试教育和招生机制的宽泛导致了许多学生并不向往教育事业，而是另有的动机。据有关数据统计，选择小学专业并热爱此专业的学生只占到14.2%。这也导致了大部分学生缺少对教育的热情，也缺乏对学生的热爱，不能够发挥出自身全部的热情投身于小学教育之中，阻碍了小学卓越教师的专业自主发展。

1999年全国教育工作会议的召开提出："优化结构，调整师范学校的层次与布局，鼓励综合性高等学校和非师范类高等学校参与培养、培训中小学教师的工作，建设全面推进素质教育的高质量教师队伍。"由此新的教师教育模式拉开帷幕，并且教师资格认证制度的实施也为非专业人士进入小学教师行列提供了便利。这意味着小学教师的队伍的来源壮大，同时也暴露出许多问题。其考察内容过于片面，其笔试考试内容仅局限于对"老三门"的基本课程的考察，学生也没有进入到小学校园中亲身体验教学生活，所以在教育情感体验、教育反思、教育探索方面存在不足。这忽视了教育对象的特殊性和小学卓越教师专业能力培养的发展性的特点。面试环节单凭一节试讲是无法准确判断教师的教学能力和育人水平的，此环节忽视了小学卓越教师专业情意培养的过程性和全面性。这些都是与小学卓越教师的培养方向相背离的。

3. 培养模式落后难以保证小学卓越教师职前培养质量

对于小学卓越教师的职前培养主要责任落在了高校的身上，但是培养模式过于陈旧，不能满足时代的发展需要也很难达到小学卓越教师的培养标准。

（1）教学内容单调乏味：大多的教师都采取了传统的讲授的教学方式，而且教学内容局限于课本知识，生搬硬套，乏善可陈。这样的教学使学生很难跟随教师进入教学情境，甚至可能会引起学生的厌恶感，滋生抵触情绪，其教学效果可想而知，同时这也阻碍了学生的知识获得和能力的发展。

（2）课程设置过于陈旧：师范类的课程设置主要沿袭传统的教育课程，很少有学校能根据时代的需要和最新出台的法规文件及时更新课程体系。对艺术类课程和实践类课程的重要性认识不足，不利于学生的全面发展，难以保证学校在入职后能够适应因教育对象的特殊性所决定的教学工作的艺术性和趣味性等特点。

（3）管理制度缺乏创新：对学生的培养讲求整齐划一，在对学生的管理上也更注重标准化。从统一的教育到管理模式下来，学生的各方面发展走向趋同化，学生的思维被禁锢在无形的牢笼之中，缺少施展个性的平台，不利于学生的创新思维和勇于探究的精神的养成。

（4）评估方式途径单一：目前高校对学生的评价主要通过学生的学科笔试成绩和实习成绩综合而定，其途径的单一很容易遗漏对学生很多方面的考察，从而影响对学生的发展性指导。

三、小学卓越教师职前培养的对策分析

针对目前的小学卓越教师培养路径存在的问题，在此提出下述几点建议。

1. 完善相关法规机制：为小学卓越教师职前培养保证方向

完善相关法规机制，出台细化的、全面的小学卓越教师培养规定，保障职前培养工作有据可依。增加意识形态方面的标准，第一，注重培养学生的创新思维、逻辑思维、生成性教材思维等，促进教育实践融合创新和终身学习观的形成。第二，关注道德观、价值观的养成环节，为职后的事业心、责任感和爱心的形成做保证。另外，要成立相关的小学卓越教师的评判机构，寻求以量化的形式来完成评定，以科学的评判而非主观臆断的形式来保证小学卓越教师称谓的合理性，这也保证了高校对教师职前培养的有量可依。

建立"三位一体"的合作机制，当地政府要牵头搭建起小学和高校的合作桥梁，促进二者能够紧密沟通。如安排学生进入乡村小学顶岗实习，让学生在实习阶段以代课教师而不是以实习生的身份进入学校，一方面弥补了农村教育资源短缺的问题。另一方面两校双方基于自身的实际需要能够加强联系，勤于沟通，确保高校培养目标更贴合小学实际需要。还可以利用财政开支聘请小学的优秀一线教师进入高校从事教学工作，为学生做教育示范，指导学生的教学行为，帮助学生教学意识形态和教育习惯的养成，让学生体会规范的小学教育模式，打好教育根基。

2. 严格把关职前生源：为小学卓越教师职前培养奠定基础

目前我国教师的职前培养已经从"旧三级"过渡到"新三级"，这意味着对小学卓越教师的职前培养层次更进一步，为保证培养的质量还应注意：严格把关小学教育专业的学生录取通道，除了考虑应试成绩外，还应增加面试环节，保证生源质量，权衡学生各方面的素质，包括智力因素和非智力因素，考察学生涉及语言表达能力、个性特点、神态仪表等多个角度，选择有成为教师潜质的学生进入高校。还可以以提前招录、学校推荐和保送的形式收录品学兼优的学生，为小学卓越教师职前培养奠定好基础。

为促进教育行业的公平性，提高整体教育水平，完善教师资格认证制度，保证生源质量改善其的考核内容是关键。第一，在原有的考试内容上增加德育和体育方面的测试，保证学生对教师职业的适应性和教学能力均衡发展。第二，在面试的环节不但要考察讲课能力还要增加才艺展示的环节，这是趋于小学生个性特征的必然选择，同时也是保证教师全面发展的重要途径。第三，把实践成绩纳入考核的一部分，报考教师资格证的教师由当地教育部门指派规定的实习地点进行实习，在规定

的时间内完成相应的任务，实习期结束后由所在学校的领导和教师共同给出成绩，确保非师范类学生进入的小学从教前获得教学实践中的生命体验和情感体验，做好入职的衔接工作。

3. 创新改革教育培养模式：为小学卓越教师的职前培养保证质量

小学卓越教师的培养应该是集多元化的培养模式于一体的。在教师教育运行的模式中，存在着两种发展方向，一种是纵向的发展，另一种是横向的拓展。纵向的发展主要是强调的是教师教育模式以时间为轴的层次深入和效果演变的推进，而横向的发展则重在强调模式在运行结构和空间拓展的演变。为探索小学卓越教师的培养模式，我们要从横向的发展为切入点进行研究。主要包含两个方面：

（1）宏观方面：应联系小学卓越教师培养过程中的相关因素，即培养模式应采取"UGS三位一体的教育培养模式"。就是采取"大学主导—地方政府协调—小学参与"的一种形式。模式要遵循"目标一致、相互沟通、以诚合作、互惠互利"的原则。大学主要应承担起主导作用，为小学提供人才资源的输出，为小学教育的发展和改革提供前沿的理论指导和学术支撑。政府要起到保证高校和小学之间的联结作用，为二者的便利合作创造有利条件并且提供相应的政策保障，例如提供在科研探索和合作过程中所产生的经费和物质保障。小学要做的就是积极配合高校的培养模式的实施，为其提供真实的教学需求、案例资料以及为学生提供良好实践环境。三者在此过程中能够实现合作共赢的良好局面。

（2）微观方面：这是以高校为主要责任单位，其教育培养工作主要围绕三个方面的展开，即教育知识、教育技能和教育情谊的全程培养工作。

第一，要实行各类知识的全程浸润模式，进行通识类知识、学科类知识、专业知识、方法类知识、实践技能类的知识、外语类知识、艺术类知识、音乐类知识、体育类知识等学习。课程内容的设置要全面考虑涵盖各类知识。在课程安排上，要能够根据学生的教育发展规律并根据实际的发展需要合理穿插不同类别的课程。所有的课程要依据培养学生教学能力和个性开发这两个方面的维度来划分和设置必修课程和选修课程。做好全程的统筹规划。

第二，要实行专业技能的全程培养方式。一方面是专业课程技能化，就是形成全程体验式—参与式—操作式的教学模式，边学习理论，边进行实践，这种形式可以规划到每节课的教学目标当中，当堂巩固学习内容，也可以是单独的开设相应的技能课，针对一段时期的教学理论学习而进行操作验收和实践检验，并在教师的指导下进行技能改进，但要注意这种课程安排的节奏把握，既要考虑到课程内容的难易程度也要考虑到内容的多少来安排间隔时间。增加职业技能考核的证书化，提高学生的重视程度。另一方面就是采取多种实践模式：实行全程见习、研习、实习、顶岗实习等形式。保证理论的学习能够及时转化为自身的教学技能，也可以保证学生把小学的实际需要和实践问题带回学校，及时发现自身的不足，调整发展方向，为下面的学习进行合理定位，拓宽学术科研的研究方向，保证学生在入职后能够更好地适应教学环境和轻松面对教学问题，培养教学习惯。积极探索"互联网+"背景下全程网络研习模式，加强教育学术研究，凸显高校培养模式的层次性。

　　第三，实行师德全程陶冶模式，加强隐形课程的开发，以校风校训、环境塑造默化学生专业情谊，以教育影视、教育讲座等丰富学生的情感体悟，以教师所展现的行为作为榜样示范，以管理人员的人性关怀作为激发学生的教育情怀。在各个方面进行引导和示范，让学生在体会、模仿和感化中把对生命的感悟和生活的体验转化为教育的德性，建立起应有的师德。

小学全科型教师职前培养过程中的矛盾分析

"小学全科型教师"是我国"卓越教师培养计划"中提出的关于小学教师培养模式改革的新思路,是目前教师教育领域研究的热点内容,且因其具有较高的实际应用价值、先进的理念层次及国家明确的教育政策导向,现已深入全国各高校的教师教育改革行动之中。但我国"小学全科型教师"的研究无论是在理论层面还是在实践层面都处于"摸石头过河"的阶段,需寻求能够在积极的探索中形成与我国文化相契合的稳定发展势态。2014年8月《教育部关于实施卓越教师培养计划的意见》(以下简称《意见》)发布至今,纵观各高校在"小学全科型教师"培养方面取得的成果,欣喜之余,我们仍需积极探究此方面发展的阻力因素,助力"小学全科型教师"的积极发展。

一、小学全科型教师培养的背景及内涵

1. 小学全科型教师培养的背景

"小学全科型教师"一词是由我国学者明确提出的,但其思想最先来源于英国等西方国家。英国、美国、澳大利亚等国对小学全科教师的培养主要体现在系统化的专业标准与规范、注重师范性与学术性的双学位制、注重跨学科知识的掌握与综合课程的学习、强调师范生跨学段教学能力的培养、强化师范生的教育实践的体验、突出师范生特殊教育素养的培养等几个方面。

我国"小学全科型教师"的产生过程与西方国家相反,其形成最先依托于实践,于农村教师资源短缺的情况下应运而生而后深入到理论研究,实际应用价值较强。然而我国真正意义上"小学全科型教师"的提出,应属2014年《意见》中所涉及的全科培养模式的相关内容。由于不同于西方国家自上而下的成长形态,我国的"小学全科型教师"需要面临纠正其自身价值意义以及尽快改变已形成的实际师资配备现状的问题。为此,国务院办公厅印发了《乡村教师支持计划(2015~2020)》,通过制定相关的优惠政策,定向培养乡村"小学全科型教师",着力解决

乡村教师队伍建设中现存的形式主义全科教师问题。2016年4月，为有效破解我国教师教育改革向纵深推进过程中遭遇的瓶颈问题，总结国内已有成果，厘清小学全科教师人才培养的内涵及特征，探讨小学全科教师人才培养策略及实践。中国教育学会《中国教育学刊》杂志社、重庆第二师范学院联合举办了以"走向综合——小学全科教师培养现状与未来"为主题的"首届全国小学全科教师发展论坛"。我国的"小学全科型教师"培养发展正在进行中。

2. 小学全科型教师的内涵

在我国农村教育问题背景下形成的"小学全科教师"的内涵并不同于《意见》中的"小学全科教师"，甚至可以称为仅是浅层意义上的代名词。关乎前者的争议多指向是为缓解教育现实问题的被动之举。而《意见》中"针对小学教育的实际需求，重点探索小学全科教师培养模式，培养一批热爱小学教育事业、知识广博、能力全面、能够胜任小学多学科教育教学需要的卓越小学教师。"[3]中所指的"小学全科型教师"更多是相对于"小学分科教师"而言的，是指掌握教育教学基本知识和技能、学科知识和能力结构合理、能独立承担国家规定的小学阶段各门课程的教学工作、从事小学教育教学研究与管理的教师。[4]是从理念层次出发，助力教师教育改革的积极举措。

需要强调的是，"小学全科型教师"的"全"应属价值取向的判断而非数量取向上的衡量。正因如此，"小学全科型教师"并非强调教师具备能够针对各门学科进行优质教学的均衡实力，抑或是无限扩大教师知识范围，使其具备"百科全书式智能"的天方夜谭。过于强调"小学全科型教师"对课程完成的效果与整体性也是对"小学全科型教师"理解的一大误区。若从全科教育与分科教育的区别意义倒推分析全科教师的意义，不难得出必须以教育目的为基础对"小学全科型教师"的意义内涵进行基本判定的结论。教育改革从来就不是一张蓝图，而"小学全科型教师"的内涵更应该从过程的角度进行分析。本文中所指的"小学全科型教师"是指符合我国"卓越教师培养计划"中关于小学全科教师培养要求的教师。

二、"小学全科型教师"职前培养过程中的矛盾分析

在教育部公布的20个卓越小学教师培养改革项目中，近一半的项目聚焦"全科教师培养"。东北师范大学突出"小学全科型教师"培养模式的构建与实践；杭州师范大学以"师德·师能·师艺"并重为着眼点打造全科教师，南通大学探索定向培养多科型教师培养模式。[5]此外，大连大学的"1+X"模式，吉林师范大学的"全科发展，学有专长"均定位于培养一专多能的小学全科教师。可以说，培养"小学全科型教师"的时代来临了！

1. 有限的学习时间与无限性知识之间的矛盾

正如怀特海在《教育的目的》中所指出的:"在盲目地修订教学大纲的过程中,我们试图避开时间不足的问题——但这是徒劳的——因为时间不足其实不可避免,但是我们亦有回旋的余地、仍有很大的能动性。""小学全科型教师"相对于"分科教师"而言需要更为广博的知识面及更加完整的知识体系,能够胜任多学科的教学工作,在培养定位的设置过程中难免遭遇时间的限定问题。但培养"小学全科型教师"绝不是在以往各项教师培养结构上进行简单的叠加式堆积,而属转型式的重构。也正因如此,此类矛盾具有较大弹性缓解空间。笔者认为,课程整合是解决此矛盾的重要突破口,参照"卓越教师培养计划"中针对"小学全科教师"提出的各方面素养要求进行具体相关科目的设置,按照数学类课程、科学类课程、教育类课程、通识类课程、实践技能类课程、方法论类课程进行整合。整合类课程既是对培养"小学全科教师"素质要求的细化、具体化,也是在要求下设置的多项具体科目的综合表现形式。处于二者之间的课程整合形式即能够缓解高校在培养"小学全科型教师"过程中这方面的矛盾,又能最大限度地贯彻标准要求。逐渐培养未来的"小学全科型教师",形成"打破自身知识的封闭性,广泛涉猎相近学科甚至不同学科的知识,不断拓展自己的知识结构,将不同学科知识融入到自己的课堂教学之中"的能力素养。

需要强调的是,整合概念下构建的模块化课程体系在其发展过程中仍会面临来自以往累积下来的固化教育节奏的同化危机:用惯性思维方式隐晦地革新理论、革新方法;课程整合后依旧相对独立的不融汇状态;实践性课程比重增加后难以兑现的实效性。这便需要教师教育者在现实的教师教育情境下站稳脚跟找方法,抓准理念追实效。[8]

2. 分科与全科教师培养上的矛盾

有关"分科教师"与"全科教师"培养的焦点问题大多集中在这种转向上会在一定程度上削弱教师的专业性,进而产生一系列因教师教育转型引发一线教学问题的担忧。这种担忧一定程度上源于在分科的一线教育中,教师教学的专业性一直是我们关注的重点。如何在保证"分科教师"专业性的基础上培养"全科教师"?是否有可能培养出这样的"全科教师"?如何培养这样的"全科教师"?如何避免继续在"分科教师"培养的框架中培养"全科教师"?这些问题会不断加深"分科教师"与"全科教师"培养上的矛盾。

如何能够找出避免"顾此失彼"的"万全之策"?回归到探究一线"全科教育"与"分科教育"之争的视角来审视"分科教师"与"全科教师"培养之间的矛盾,个中利弊便更加容易厘清。内尔·诺丁斯早在《学会关心:教育的另一种模式》一书中提出："我在建议学生们应该学会的任何东西都应该成为任何教师知识储备的一部分，如果我们将知识分门别类，变成各个专家的事情，那么怎么可以期望孩子们掌握所有的知识呢？"同时，她也承认保留各个学科专家是有必要的。分科教育模式常常将教育手段与教育目的混淆，导致教师的教学主要强调学生能够获得知识而非应用于生活。这便不难解释为什么我们的学生不善于应用知识，明明学到了却"带不走"。实际上无论是从人类文明发展至今的知识量还是现今的知识更新速度来讲，分科教育的课程无法达到绝对的"专业"。怀特海在他的《教育的目的》一书中也多次提出类似"根除科目之间毫无关联的状态""相互关联的知识要从整体上加以利用"的观点。认为由分科所致的"这种分崩离析的局面扼杀了现代课程中的生动性"。[10]"全科教师"能够更进一步地从尊重人发展的角度开展教育活动，而先进的教育从根本上来讲，必须是尊重人发展的教育，满足人发展的自由性与不定性等方面的要求，需要教师在教育的各个领域上提供最为广阔的空间。

笔者认为"全科教师"更倾向于培养教师在一定知识的基础上各科目的"融汇"，教学各科目时在教学内容、方法上的"贯通"。如果说以往专业化的单科教师强调的是教师在教学上的"深"与"专"。那么，"全科教师"则是在此基础上的"精"与"广"。在专业科目知识基础上广泛融合其他学科知识，同时促进对专业学科知识更精细的认识与理解。也就是说"全科教师"更倾向于在整体上把握教育效果，"分科教师"更强调在单一学科上对教育效果进行掌控。这便要求我们在"小学全科卓越教师"的培养过程中，跳出学科本位的同时把握主修科目的教学质量，加强通识教育的同时将模块教学落到实处。

3. 课程设置"实践取向"与"理论取向"的矛盾

"小学全科型教师"职前培养如何处理这一矛盾，必然涉及"师范性"和"学术性"的论争，但这一矛盾我们的确不能回避，肯定一方或否定一方似乎都不合理。

目前，本科师范生的培养主要以"3＋1"模式为主，即三年师范类相关课程学习及不满一年的校外实习培养。即便是包含研究生培养阶段在内的多种培养模式如北京师范大学的"4＋2"模式，华东师范大学的"4＋1＋2"模式，也都属于课程教学与教学实习的简单叠加，偏向理论取向的培养方式。笔者认为此种方式"营养搭配"比例看似均衡，但对吸收"营养"的时机把握不到位，实际所吸收的"营养比例"大不同于计划的设定。也就是说，理论与实践阶段性教学的培养方式削弱了实践教学环节在培养模式整体上的效力，实践教学环节应具有"及时性"以配合课程教学环节的深入与发展。而"3＋1"的人才培养模式更容易促使实践教学环节发展走向形式化且带有理想主义的教学安排。此外，优质的教育活动设置一定是建立在尊重连续性原则的基础之上的。考虑到教师这一职业的师范特性，在教师职前教育培养过程中着重培养未来教师的实践能力尤为重要，而实际中教学实践环节一直处于低比例的分配状态。

教师教育职前培养阶段中实践与理论之间的关系，无论是根于源的角色分配还是等量齐观的角色定位，都应极力避免顾此失彼或简单折中。"实践取向"与"理论取向"即不可以一方取代另一方，亦不可单纯用课时来简单区分二者的轻重地位。因此，合理探究整合"实践取向"与"理论取向"的课程设置是一个值得研究的重要问题。

我国当下正积极探究建设"双师型""双导师"的师资队伍，助力教师教育的有效改革。"双师型"主要强调从事教师教育专业的教师既要具备与其从教专业、研究方向相关的学科背景，又要具有相关的中小学教学经历。"双导师"则强调"小学全科型教师"培养导师配备的成分要包含实践与理论双重师资力量。在此基础上，进一步参考国际上先进的教师教育改革举措，可以在一定程度上避免对西方发达国家教育改革行为的简单模仿。

美国"实践取向"的教师教育课程（学术课程学习和实践整合在一起，强调在合格的临床教师指导下的中小学实践体验的课程）旨在克服传统"大学本位"教师培养模式理论与实践相脱节的弊病，强调以实践为中心并与理论课程进行合理整合，在以往"理论取向"的课程设置上进行调整。其"实践取向"课程较"理论取向"课程更加突出教师培养过程中的针对性，强调将以往作为教师教育课程中"环节"的实践内容提升到核心的地位。[12]而《意见》中明确指出，目前亟待解决教师培养适应性与针对性不强的问题。强调需求导向、深度融合的基本原则及未来教师角色在实践教育课程内容的选择上所应"具体要做"的事情并寻求"以教师的日常工作作为课程内容选择的起点"。[13]

从此契合的角度来看，美国的"实践取向"教师教育课程设置对我国的"小学全科型卓越教师"培养具有较高的参考价值。"小学全科型教师"的培养具有较高的现实性意义，需客观判定教学理论知识与实践观摩学习的地位，以整体的视角将其有机结合，避免机械式的分割组合。打造"知"与"行"的同向发展。

我国"小学全科型卓越教师"仍处在建设初期阶段，虽有国外成熟全科教师教育理念作为参考，但积极关注并探究来自高校的认识行动是否"上的来"，我们培养的"小学全科型教师"在教育一线是否"下的去"，只有在不断的总结和反思中才能发展进步，才能为我国的教师教育改革事业谋求长足的发展。

本科学历小学教育专业的新发展

自1997年开始，教育部成立了"全国培养本、专科学历小学教师的专业建设研究"课题组，就小学教育专业（本科）设立的必要性、合理性，它在高等教育体系中的地位以及新世纪小学教师的能力、素质结构要求、课程方案等一系列问题进行了广泛的研讨。在充分确定该专业设立的必要性和发展性的基础上，南京师范大学与晓庄学院在1998年秋率先创办了我国教育史上第一个本科学历的小学教育专业。随后上海师大、首都师大、东北师大、吉林师大等许多高校相继设立了小学教育专业（本科），进入了本科学历小学教师培养的实践阶段。经过近8年的发展，此专业从理论构想到实际建设已趋于成熟。随着2002年第一批该专业的学生毕业后，接着又有了三届小学教育专业（本科）的学生毕业，毕业生就业不可避免地纳入了小学教育专业未来的发展日程。

随着我国高校改革和教育产业化的发展，高校毕业生的就业状况和质量成为反映高校整体办学水平的一个重要评价指标，也成为衡量一个专业存在与发展的新标准。从四届毕业生的就业情况来看，小学教育专业（本科）的毕业生就业并不如先前预想的那样顺利，前途也不如预计的那样美好。是什么导致一个应小学教育发展需要而诞生的专业的毕业生就业时遭遇尴尬呢？总结起来有如下几条原因：（1）随着我国小学生源趋于稳定，使得目前小学教师在数量上达到饱和。（2）随着市场经济的活跃，人才竞争的激烈和引进人才机制的宽松，使得教师职业的吸引力增强。由于小学教师来源补充的渠道呈现多元化趋势，也给小学教育专业的毕业生造成了一定的压力。（3）小学教育专业毕业生学历上的优势（本科）正在淡化。原因是在我国当前正在兴起并不断加温的办学热潮中，出现了多渠道、多层次、多形式的办学模式，小学教师可以通过函授、自学考试、电视大学等形式在职研修学历课程而获得本科学历。（4）专业宣传力度不够。由于对小学教育专业特点、培养目标的不了解而得不到社会的广泛认可。（5）高校扩招造成大学生就业压力加大。高师学校专门培养的面向初中、高中的语文、数学、外语等专业学生纷纷降低择业标准到小学求职，也占领了一部分小学教育专业学生的就业市场。

当专业发展遇到阻碍的时候，不能一味逃避，只能从专业自身寻找突破口，对本专业进行适时地改革与完善。下面就以就业为前提从专业定位、培养目标、课程结构以及社会宣传力度几方面进行新的阐述,力图使小学教育专业适应就业市场的考验,获得长足的可持续发展。

一、明确小学教育专业的师范性

应适时定义本科学历小学教育的专业特性,坚持小学教育专业的师范性。教师这一职业的竞争将随着社会经济和教育的发展越来越激烈,尤其是小学教师这一职业,必然成为各类非师范院校学生求职的热点,这对高师教育是一种挑战。面对来势凶猛的"外患",如何应对?从长远来看,坚持小学教育专业的师范性是高师院校承办小学教育专业的特色之一,但要切实办好这一专业,也要兼顾高等教育本科的层次性以及小学教育专业自身的个性。

1. 本科学历小学教育专业属于高等师范教育体系,应当充分体现其师范性

一直以来教师都是由师范学校培养的,因此只有经过师范学校专门培养的人才能胜任教师这一职业的观念在人们头脑中早已根深蒂固,使之形成了特有的师范性。虽然现在国家允许非师范类学生到学校任教,但学校更愿意接收师范学校培养的毕业生,家长也更相信由师范学校培养培养出来的教师。基于此,小学教育专业筹建初期就设立在高师院校体系下就是想保证它的师范性。一方面,是因为师范性能适应我国教育改革浪潮中教师职业的专业化与教师资格制度化的要求;另一方面,是因为师范性能保证学生毕业时在教育领域就业的优势。高师院校作为培养教师的专门教育机构,与生俱来的师范性决定了它培养的学生在这两方面具有得天独厚的优势。小学教育专业构建在高师体系下,要想有特色就必须坚持师范性。

2. 小学教育专业应当体现高等教育本科的层次性本科学历小学教育专业

最显而易见的优势就是学历层次要比现在普及的小学教师专科学历高一层。既然是本科学历,那么就应当符合我国《高等教育法》中规定的"本科教育应当使学生比较系统地掌握本学科、专业必需的基本理论、基本知识,掌握本专业必要的基本技能、方法和相关知识,具备从事本专业实际工作和研究工作的初步能力"。鉴于现在小学缺少"专家型"教师,小学教育专业立足本科层次的培养要求,培养出来的小学教师应当具备两个特性:一是小学学科教育的专家,具有很强的学科教学能力,有望成为小学语文、数学、英语等学科带头人;二是有较强的小学教育科研能力,能从理论与实践的结合上分析、解决小学教育遇到的新问题,推动小学教育的改革。而这些都体现了小学教育专业的本科层次性。

3. 小学教育专业必须充分体现其个性特点

小学教育专业虽属高等教育体系,但它培养的学生却是面向小学的教师,将来

的教育对象是 5~6 岁到 11~12 岁的儿童，处于教育的启蒙阶段，因此对小学教师来说，"如何教"比起"教什么"更重要。只有懂得他们的身心发展规律的人才更有可能教好他们。再有小学教学不分科的特点，要求小学教师必须具有多学科的知识，以便适应小学多门学科的教学要求。这就要求小学教育专业在教育理念、课程设置、培养方式方法等方面要做全面的调整和科学地设计。

二、重新确立本科学历小学教育专业的培养目标和招生规格

从我国现阶段小学用人需求的反馈信息来看，小学需要的不仅是一个高学历的教师，更需要一个高素质的教师。因此，我们在制定本科学历小学教育专业培养目标时，既要兼顾大学本科层次的一般素养，还要兼顾大学本科层次的教育专业素养，更要兼顾大学本科层次的学科专业素养。这样"按需培养"才能全面提升学生的就业能力。在此基础上可将培养目标确立为：培养德、智、体、美诸方面全面发展，学有专长，具备小学教育专业知识，能胜任小学教育、教学工作，具有现代教育理念并能从事教育科研的小学教育工作者。其培养规格为：热爱社会主义祖国，拥护中国共产党的领导，热爱小学教育专业，具有良好的思想品德、社会公德和教师职业道德以及求实创新精神；具有扎实、宽厚的文化科学知识；具有扎实系统的学科专业的基本理论、基础知识和基本技能；可担任小学语文、数学课程的教学工作，至少兼顾一门其他课程和一种活动课，专长一门课程教学，胜任班主任工作；具有基本的小学教育教学能力、教育管理能力、教育科学研究能力及自我完善和自我发展的能力。

小学教育专业开设初期招生对象主要是中等师范学校的应届毕业生，也招收少量应届高中毕业生。由于中师生在中师 4 年的学习中已经掌握了较扎实的从教技能，因此，在大学 4 年的学习中有较充裕的时间去钻研教育理论知识，锻炼自己的教育科研能力。但随着中等师范学校的合并与升级，已经没有了中师生这一固定生源。所以各高师院校的小学教育专业应转变观念：一是改革原有的招生规格，扩大招生范围已成为小学教育专业发展的当务之急。招生对象主要有三种：（1）应届高中毕业生；（2）专科师范院校的应届毕业生；（3）招收有实际教学经验的小学教师到高师学校进行在职培训。二是招生数量上要坚持"少而精"的原则。面对我国小学教师饱和的现状，要严格控制招生数量，努力提高教学质量，使本专业培养的学生各个是精品，并占据就业市场的主导地位。

三、改革完善本科学历小学教育专业的课程设置

高师院校各专业的课程设置并不是一成不变的，它随着知识的更新以及专业发

展的需要不断地进行更新与补充。

根据上述培养目标与规格的要求以及采取的培养模式，我们构建了"三性一体"的课程体系。所谓"三性"，一是体现高等教育体系中本科专业课程体系的共性——大学普通教育，即开设大学公共基础课；二是体现教师教育体系中本科专业课程体系的个性——双学科或双专业教育，即开设学科专业课程与教育专业课程；三是体现本科小学教育专业特性——其学科类课程应体现综合性教育与专业方向教育相结合的原则，其教育类课程应体现高师教育基础课程与具有小学教育特点的教育专修课程相结合的原则。所谓"一体"，就是整个课程体系的构建应融知识、能力、素质结构为一体。因此，我们构建的课程在内容结构上由体现高等教育共性、高师教育个性、小学教育特性的三大类课程的若干课程模块组成；在课程形式上，由必修课、选修课、活动类课、实践类课、专题性讲座等有机结合；在课时结构上，基本体现各类课程较为合理的课时比例及课内外修习的合理时间比；在课程教学模式上，理论教学、技能训练、教育实践、教育科研有机结合，做到"理论—实践—研究"紧密结合。

从近几年小学教育专业的学生就业的反馈信息来看，由于小学对"专家型"学科教师的需求，增设与所教学科相关的课程应补充到课程体系当中。所学课程门类的增加，要求我们在课程形式和课程实施顺序上做调整，即采取先合后分的教学形式。第一学年合班上课，广泛开设基础课程，除了学习国家规定的哲学原理、大学英语、计算机基础等公共必修课及教育基本理论课程，如中外教育史、教育学原理、普通心理学、教育心理学等，还可开设写作、教师基本技能培训课等选修课，这样可以拓展学生的知识面，开阔学生的视野。第二学年除一些必修公共课，如儿童心理学、教学论、认知与学习理论等教育专业课合班上之外，应分班主修专业课程，如文科班的学生主修文学史、外国文学、中国文学等科目；理科班的学生主修高等数学、数论、小学奥林匹克数学等相关科目；英语方向的学生主修英语精读、英语泛读、英语听力等科目。实施学科专业课程的目的在于提供专业方向，授以学生必要的学科专业知识，本着"少而精"的原则适当控制课程门数，在精深方面多下功夫。第三学年上半学期继续主修各学科专业课，并安排教育见习。下半学年主修各学科教学法（文科修小学语文教学法，理科修小学数学教学法，英语方向修小学英语教学法），同时开设教学设计、小学课堂管理等选修课并继续安排教育见习。

四、重视职业生涯教育

必须重视职业生涯教育。面对日趋紧张的就业形势，对大学生进行就业前的培训非常重要。培训可包括：

(1) 对就业形式的分析。针对往年的就业情况、当年的岗位需求量等方面就就业形势给学生做科学分析。有条件的学校还可以开展模拟面试、模拟课堂教学等活动来帮助学生做好择业前的知识和能力方面的准备,教会他们注意"双向选择"的技巧。

(2) 对毕业生进行心理素质教育。有的毕业生认为,一个大学本科毕业生到小学工作是轻而易举的事情;有的认为,到小学任教委屈。因此,在就业时他们会产生多种心理误区,具体表现为,"非我莫属"的自负心理,"守株待兔"式的散漫心理,"畏首畏尾"的忧虑心理,"唯利是图"的功利心理。这些心理都不利于毕业生的正常择业,因此要利用本专业拥有心理教师的优势开展就业心理咨询,在心理方面帮助学生做好就业准备。

五、扩大小学教育专业的社会影响

必须加大宣传力度,扩大小学教育专业的社会影响。小学教育专业(本科)作为高师院校的一个新专业,在社会上并没有得到广泛的宣传与认可。不要说是普通的老百姓,就连一些业内人士都不知道在高师院校中还有专门培养小学教师的专业存在。所以有的学生在参加招聘会时被问到:"你们小学教育专业是学什么的?"这也是导致该专业毕业生就业难的一个原因。因此必须加大小学教育专业的社会宣传力度,使社会上的有关部门、有关人士对这个专业的办学目的、入学条件、培养规格、毕业分配等各方面情况有一定的了解,争取得到得他们的支持和帮助。

第一,教育主管部门和办学单位必须通过各种途径、各种形式(如电视,报纸等)进行社会宣传,使与办学有关的方方面面达成共识。关于专业设置问题,根据我国法治建设的需要,按照本科生培养要"宽口径""厚基础"的原则,决定从1999年开始只按一个法学专业招生本科生。确立了高校法学教育必须开设的14门核心课程,并出版了教育部确定的涵盖法学所有学科领域的面向21世纪教材。作为法律基础知识课程的教师,只有依编定的教材学完14门核心课程和一定的选修课程,才能系统地掌握法学理论和法律知识。这种独特的专业素质要求,只能通过法学专业教育或专门培训才能形成。

第二,讲授法律基础课的教师的师范性问题。所谓师范性主要包括两个方面的问题:一是施教能力。能否有效地使学生接受应学的知识,达到教书育人的目的,这就有一个教学艺术问题。教学艺术至少包括语言表达和教学方法两个方面。语言表达要求发音标准、表述流利、富有逻辑性;教学方法要注重讲授技巧,善于调动学生学习的积极性。二是师德水准。所谓"师德",是教师在教学活动中已经内化了的自觉遵守的道德规范和行为准则,以及体现在日常生活中的与之相适应的道德观念、情操和品质。具体地说,就是政治素质和道德品质,对此,教师法已经作为教师义务规定在其中。《中小学教师职业道德规范》有着更为具体的规定，即依法执教、爱岗敬业、严谨治学、团结协作、尊重家长、廉洁从教、为人师表。由于教师所从事的是教育人、塑造人的事业，因此在某种意义上说，教师的师德比专业素质更为重要。师德虽然并非一朝一夕能够养成，但从教前的师范教育则是师德形成的基础，师范院校的"师范"文化氛围，引导着经过师范院校培育的教师一生的道德走向。

只有高质量的教师，才能很好地完成法律基础知识课的教学任务。而师范法学教育是培养高质量的法律基础课程教师最有效的途径。开展高等师范法学教育主要有三种方式：一是在师范院校开设法学教育专业。目前在许多师范大学和一些具有师范教育的综合性大学都设有非师范类的法学专业。通过对其进行改造，增设必要的教育类课程，增加其师范性，即可以建成为师范法学专业。二是法学专业的毕业生经过一定时间的师范教育后从事教学工作。近些年来的师范教育改革已经提供了一些基本途径。三是从现有的教师队伍中选派一部分教师到高等学校的法学专业进修，经过一定时间的法学教育后从事"法律基础"课程的教学工作。这种做法可以充分地利用现有的法学教育资源。目前全国已有近400所高等院校设置了法学专业，这些院校完全可以承担起培训"法律基础知识"课程教师的任务。

新课改小学教育专业的建设及发展趋向

我国师范教育历经了百年沧桑,自1887年盛宣怀建立南洋师学公学师范馆以来,逐步建立起了独立设置的师范教育为主体,其他各级各类教育参与的多渠道、多层次、多规格的师范教育体系。近两年,教育改革和发展的大潮又将小学师资的培养推向高等教育的范畴。以北京、上海、南京等几个大城市为先导,全国各地陆续成立初等教育学院,开始培养本科学历的小学教师;从2002年到2008年已有七届小学教育本科毕业生投入基础教育的一线工作中。但是由于种种原因,小学教育专业的供求状况却不容乐观,可见小学教育本科专业建设已处于关键性的历史时期。

一、小学教育专业在高校的建设现状

全国也已有近300多所高校设置了小学教育专业。小学教师的高等教育化已是大势所趋,在我国高等师范教育体系中,小学教育专业尚处在"边实践、边研究、边建设"的阶段。了解小学教育专业,明确其专业定位、培养目标、课程设置、师资队伍建设等问题,是完善我国小学教育专业建设的关键。

1. 专业建设注重基础教育

本科小学教育专业的建设着眼于基础教育,旨在培养适应社会需求的高素质小学教师。其培养模式大都定为"综合培养、学有所长"。

2. 课程设置

教育理论课程、教师职业技能的培训始终放在比较重要的位置上,现代汉语、文学写作、音乐赏析、美术教育、地理、大学数学、自然科学概论等也在课程设置之列,为的是能够提高本科小学教育专业学生的综合素养。

3. 就业状况

从2002~2008年各届毕业生的就业去向来看,小学教育专业毕业生绝大部分都已投入到基础教育的一线工作岗位上，但由于个人能力、志向不同，也有的在高校任教，有的在机关、企业任职，还有一些已进入高等院校继续深造，从事科研工作。

二、小学教育改革对小学教育专业建设的挑战

"教育是环境和遗传的产物"能够直接引起高等教育发展的制度环境的改变是决定性的外部力量。本科学历小学教师培养是我国教师培养的新领域，新课改的实施对高师院校小学教育专业如何培养新型教师提出了新挑战。

1. 新课程培养目标的转变对小学教育专业建设的挑战

新课程改革教育目标的培养应体现时代的要求。使学生具有爱国主义、集体主义精神、热爱社会主义，继承和发扬中华民族的优良传统和革命传统；具有社会主义民主法制意识，遵守国家法律和社会公德；逐步形成正确的世界观、人生观、价值观；具有社会责任感，努力为人民服务；具有初步的创新精神，实践能力，科学和人文素养以及环境意识；具有适应终身学习的基础知识、基本技能和方法；具有健壮的体魄和良好的心理素质，养成健康的审美情趣和生活方式，成为有理想、有道德、有纪律、有文化的一代新人。新课改的教学目标可分为6个系统：（1）思想品德教育；（2）知识能力素质；（3）身体素质；（4）心理素质；（5）审美素质；（6）劳动素质。因此，今后的高师小学教育专业建设的培养目标也应体现新课程改革对小学教师的要求，培养具有良好的政治思想素质和教师职业道德，具有较宽厚扎实的文化知识和基础知识，懂得小学教育教学基本规律，具有先进教育思想和进行小学教育科研的初步能力，具备从事小学多门课程教学和课件开发的能力，在中文、数学或英语学科方向上有所专长，同时具备良好的心理素质、健全的人格、健康的身体和一定的艺术修养、艺术鉴赏力的合格的小学教师。

2. 新课程改革小学教育专业课程设置的完善

从世界小学教育培养制度发展趋势看，我国高师院校设置小学教育本科专业是教师发展的必然，基于课程建设在专业发展中的核心地位，构建高师小学教育本科专业课程体系，既要体现高等教育的共性，也要体现教师教育的个性，更要体现小学教育专业的特性。以系统的小学教育基础理论和实践课程为核心课程，以大学文化通识类课程为基础课程，以选修课程为支撑学生自我发展的辅助课程，构建大学本科层次小学教育专业课程体系，提高小学教育专业的整体水平。这不是中师、师专或是师院有关课程的移植和改良，而是按照高学历小学教师自身的培养规格和培养目标的新要求，符合新课改对未来小学教师的期待，重新设置各门课程大纲的基

础上，对这一门专业的课程体系进行全方位的建设。

新课改要求小学阶段课程设置以综合课程为主。小学低年级开设：品德与生活、语文、数学、艺术（或音乐、美术）等课程，中高年级开设品德与社会、语文、数学、外语、实践活动、体育、艺术（或音乐、美术）等课程。这种新课程对小学教育专业的课程设置建设提出了新的要求。

3. 新课改专业课程设置应理论与实践并重

一直以来，小学教育专业建设的课程设置上都遵循着"先理论、后实践"的培养模式，这种模式存在着严重的重理论轻实践的倾向。这种倾向又直接导致了教育见习、教育实习功能的萎缩。在许多情况下，教育实习会成为一个过场。书本知识没在现实的教育实践中发挥预期的功效。教育理论的确可以为教师提供价值启蒙，提供科学解释，甚至在特定情况下提供"行动纲领"，但在面对复杂多变的教育环境中，希冀所有的理论都能成为技术理论，希望所有的知识都成为普遍有效的知识，要求教育理论为教育实践提供现成的"处方"，这也显然是对教育知识、教育理论功能的一种误解。而且事实也一再证明，接受了大量知识的教师未必就是专家型教师。在高师小学教育专业课堂上理论与实践、知识与智慧之间并没有像人们预期的那样表现出必然的融合。建立于"知识普遍有意义"信念基础上的教师教育模式在这里陷入困境。

另外，高师小学教育中不乏存在"学历补偿"的现象，小学教育专业的本科生们有很大一部分来自中师、幼师或是师范专科学校，在上大学之前有过针对性较强的专业训练，各方面的素质发展得比较好，已初步具备了从教资格，然而，进入高师院校后，小学教育专业课程的设置不能满足他们的需求，只是在学历上得到了提升的补偿。从以上不难看出，本科小学教育专业建设（尤其是课程设置）尚有待完善。

4. 新课改对教育的人文化要求更加突出

教育需要从服务走向爱，教育需要人文关怀。过去的小学教育太多知识化、概念化的内容，要让孩子明白什么是真情，什么是善良；懂得怎样区分美与丑；抓住中华民族文化的根；明辨外国人文的精华与糟粕。这就要求教师在课堂上不仅要传授知识，也要给孩子以人文滋养，让他们把这种精神传递下去。读读《安徒生童话故事》《巴黎圣母院》，读读孔子——经典能承受人类文明之重，能让文明延续。人文教育的重要方面就是要善待每一个生命，包括一草一木（草木皆有情）。爱心、责任感教育始终贯穿教育实践中。情感有利于认知内化，有利于增进认知传递，影响认知的选择性。著名教育家霍先生说的好："没有爱就没有教育"，在这个世界上爱是我们共同的语言。

5. 新课改应注重培养师范生的科研能力

新课改要求小学教师具有初步的科研能力，能够根据国家的教学大纲，本校的实际情况，孩子的身心发展状况，具有一定的开发校本课程的能力。这就要求小学教育专业建设的课程应有利于学生研究能力的培养：一要注重实践调查能力培养的课程的设置；二要研究小学生的知识结构、生活经验、社会文化背景，以保证知识顺利植入学生的知识结构中；三要研究小学生的学习策略，通过研究学生的认知策略、自我控制能力指导和促进学生的自我构建；四要研究如何实现学生间、师生间的交往互动，激发学生学习意向。

三、注重培养毕业生的社会能力

要适应基础教育改革，增强小学教育专业毕业生应对社会的能力。

1. 加强入学思想指导、挑战传统观念的束缚

在相当多数人的眼中，不可否认的都存在这样的观念：一名大学生毕业后是应该从事社会地位较高的职位的，而教小学生应该是学历稍低的人做的事，即使是在小学工作，本科毕业生也该是个什么校长之类的。针对这种不符合实际的想法对在刚刚进入大学小学教育专业的学子们，必须让他们明白小学教育专业的培养目标及小学教育工作的神圣职责，不仅要让他们清楚地明白这一点，也要通过大众传媒让他们的家长及社会上所有参与教育、需要教育的人理解这一点，理解这个专业，要知道：基础教育关乎民族兴衰、小学教育专业建设关乎教育之根基。

2. 课程设置应全面并适应社会需求

必须适应新课改的需要，注重背景资料的积累，适应多方需求，突出专业特色，打造核心竞争力，提高小学教育专业本科毕业生的整体素养。在新课改条件下，适应教育与经济社会日益密切的关系，为满足社会主体需求的个性化、多样化，在课程设置方面还要考虑社会需求取向、市场取向的质量观和人才观的需求：

（1）有条件的，可协调校方，增设不同民族及地区风俗和语言类选修课，以适应区域性、民族性的基础教育。作为一个多民族的教育大国，仅靠某个种族、某些地区的教育的发达与发展是狭隘的，教育是整个中华民族的大事，要协调发展不同民族、不同地区的教育，根本的是要从基础教育做起，从高师小学教育专业的建设做起。高师小学教育专业的建设也只有考虑到各种需求，才能突显专业特色，打造核心竞争力，走可持续发展的道路。

（2）注重语言素养的培养。苏霍姆林斯基说："教师的语言是一种什么也代替不了的影响学生心灵的工具,教学的艺术首先是说话的艺术。"教师良好的语言素养是建构和谐气氛的奠基石和工具。教师良好的语言素养在课堂上不仅能生动明白的表达思想,也是一种引导、启发、一种宽容和慈爱,一种能够缓解孩子的尴尬,不伤害孩子的自尊,并能起到激励作用的载体。

(3) 加强心理适应能力(应对角色转换)。入职教育阶段,人们往往很少关注生活场景的变化以及生活方式的转变对小学教育专业本科毕业生的心理冲击。刚刚入职的毕业生经历十几年的被教育生活,由师范生向教师角色转变过程中常常会遇到诸多问题,产生心理上的不适应。因此,常常会感到强烈的"现实冲击"。他们会体验到在大学中所学到的理论知识无法有效的指导他们进行教育实践,这常常会导致他们产生一种挫败感,在这一点上,还需有针对性的加强职前教育及心理辅导,以帮助他们树立更坚定的信念,作好一名人民教师。

(4) 加强自我保障意识。面对职业竞争日益激烈与社会的纷杂,小学教育专业的毕业生应加强法律维权的意识。

四、小学教育专业发展的趋向

加强小学教育专业建设,构筑人才高地。新课改下小学教育专业的建设必须始终坚持"以人为本"和"人才资源是第一资源"的理念,始终把小学教师的培养摆在突出的位置上,不断提高他们的综合素养,努力培养出既是"学者"又是"教育者"的合格人才。

小学教育专业具有较强的职业定向性和针对性。在专业设置上首先必须处理好三个关系:一是专业设置与社会需求的关系;二是专业口径宽与窄的关系;三是专业调整与相对稳定性的关系。专业建设既要注重专业前景,也要考虑专业发展的基本条件。其次在专业建设过程中应特别重视专业内涵建设。此外,还要注重小学教育专业建设社会背景的分析,适应时代发展的要求,紧密依托市场,把教育与社会经济对人才的需求结合起来,作为专业建设的出发点。再通过整合交叉渗透等形式,实现对传统(中师)专业的提升和改造的同时,使之更加符合时代需要。正如德国教育家伊温说:"教育已不再是教育系统内部的事情,而是整个社会各系统的综合"。具体而言,在小学教育专业建设方面要做好以下几方面的工作:

1. 面向市场调整专业结构

可以以"加强综合、发展交叉、突出前沿"和"职前、职后沟通"为原则,按照"面向市场、主动适应、立足自我、发挥优势、适时设置"的方针,根据校本资源开发利用进行定位,在原有课程的基础上,通过"打包"或"嫁接"积极增设新课程。

2. 强化可持续发展,突出专业内涵设置

本着"扬优、支重、改老、扶新"的原则,进一步明确重点,发展亮点,强化实践教育和技能训练,加大信息课程的设置和传统课程的改造力度。强调学生技能的训练,确保小学教育专业培养的多元化和专业化,争取始终站在教育师资培养的"制高点"上,确保人才培养与输出的市场份额的占有量。

3. 高效率的课程设置

从横向比较来看,世界范围内教育周课时量有增加趋势,我国也有这种必然趋向,因此,小学教育课程设置必然应紧跟这一步伐,提高有效时间、教师资源和学生智力的利用率。

4. 重视国际交流,促进小学教育专业的发展

借鉴发达国家之间教育交流与融合的经验,抓住与发达国家往来日益密切的时机,建立起多种多样的联系机制,努力促成多元交往,这种趋势必将给当前小学教育专业的建设和完善带来前所未有的机遇与挑战。

总之,小学教育专业建设与现实有关,也与过去和未来有关。因此,小学教育专业建设有责任站得更高,看得更远。立足现状,着眼未来,只有倡导以质量求生存,以特色求发展的基本理念,面向市场形成核心竞争力,才能激发小学教育专业建设的活力和持久魅力,使之与小学教育课改协调发展,并永葆青春。

高师小学教育特色专业建设的研究与实践

随着经济社会的不断进步与发展,与之相对应的人才需求观也在发生着深刻的变化。高等教育机构是人才培养的主阵地,应对经济社会的渴求,高师院校特色专业的建设与发展可谓是众望所归,高师院校特色专业是国家为优化专业结构,提高人才培养质量,办出专业水平与特色,以应对经济社会发展的重要举措。

一、对"特色专业"内涵的诠释

所谓"特色"是事物所表现的独特的色彩、风格等,是某种事物区别于其他事物的风格、形式,是由事物赖以生存和发展的特定的具体环境所决定的,是其所属事物所特有的。"特色专业"是在加强课程体系和教材建设,改革人才培养方案,强化实践教学,加强教师队伍建设等方面对同类院校加强专业建设和改革起到示范和带动作用,具体而言,其内涵有以下三层意义:

第一,要有预设性,也就是发展性。特色专业应该具有生命力,发展稳定,有很好的发展空间。首先,要研究市场。然后,要准确定位。有了这样一种先在意识观念,才能称得上是有利于社会发展的"特色专业"。

第二,要有先进性,在有了准确的定位后,我们要有一支高水平的师资队伍,并配置完善各种教学设备,建立完备的实训基地,做到产、学、研一体化,真正做到"人无我有,人有我优"。

第三,要有典型示范性,"特色专业"中"特色"是关键,就是有其本身的独特性。无论在人才培养手段,课程设置,还是知识和技能结构上都要有其独特性和科学性,要对兄弟院校起到榜样示范作用。

二、小学教育特色专业建设的实践价值

1. 建设小学教育特色专业有利于提升高师院校的核心竞争力

建设小学教育特色专业,是高师院校提升核心竞争力的必由之路,更是学校可

持续发展的第一生产力。随着高校的逐年扩招,就业压力不断加大。那么,学校靠什么生存?靠什么谋发展?答案就是,小学教育特色专业一定会成为高师院校崭新亮点。另外,由于我国计划生育政策的科学实施,使学龄儿童的数量也稳中有降,随之而来的就是基础教育的生源问题也尤为突出。我们高师院校小学教育特色专业培养出来的学生,如果去服务于基础教育的话,既能发挥我们特殊的专业特长,又能提升用人单位的教学和科研水平,同时也提升了用人单位在同等学校中的核心竞争力。这样,我们和用人单位双受益,既得到了社会的认可,又形成了一种有利于学校发展的良性循环。

2. 建设小学教育特色专业有利于科研型教师和创新型学生的培养

建设小学教育特色专业,教师和学生是两个最重要的因素。我们所说的"特色专业",就是要求有一支基本功过硬的专业教师团队,这就要求教师不能只是教书匠。同时,也应该是一名教育科研人员,带着问题去教学,用科研成果指导教学实践,在教学科研过程中转变教育观念。而对于学生,经过"特色专业"的学习,使学生改变了传统的学习方式,学生在课堂上也是一个主动的参与者,让学生学会主动学习,只有这样,才能培养出全面发展的创新型学生,使他们更加适合经济社会发展的需要。

3. 建设小学教育特色专业有利于教学质量的整体优化

建设小学教育特色专业是高师院校服务基础教育的需要,能称之为"特色专业",其各方面要求都十分严格,其自身有着系统化实施过程。"特色专业"的主旨要求教育者"科科有课题""人人有专题",带着问题去教学,在教学实践中解决问题,在教学过程中要善于发现问题,要勤于动脑,优化教学方法,在教学中能更好地调动学生的知、情、意、行,促进教学质量的整体优化。实践证明,在特色理念的引导下,教学质量都能得到了显著提高。

三、小学教育特色专业建设的原则

1. 可持续性原则

小学教育特色专业建设是一个涉及多方面工作的动态系统工程,是一个不断建设,不断积累,不断完善的过程,其特色的形成应该具有一定的相对稳定性、不能经常变动,又要在经验的不断积累中完善该动态系统的科学性和实践性,使其符合社会的进步和时代的发展。

2. 前瞻性原则

小学教育特色专业的建设是一个长期的过程。特色的形成一方面需要保持一定的稳定性，同时还要适应内外部环境变化而作相应的调整。这就要求高师院校小学教育特色专业建设不但要以当前人才市场需求为导向，还要具有一定的预设性，要能够体现现代社会和市场的需求变化。

3. 以人为本原则

小学教育特色专业的建设要坚持以人为本原则，一方面要"为了人"，即各项工作的重心要围绕如何把学生培养为符合市场需求、有一定特长的专门人才；另一方面要"依靠人"，需要特色人才来支撑，因此，必须把师资力量的整体优化作为小学教育特色专业建设的一项基本工作来实施。

4. 创新性原则

小学教育特色专业建设本身应该具有探索性和创新性，就是在教育观念、培养模式和评价标准的方面不能因循守旧。这里所说的创新性，就有其特色的寓意。在哲学范畴里，事物的发展过程，其实也是事物不断创新，不前进的过程，停留在原地，就意味着落后与淘汰。也就是说创新是小学教育特色专业建设的重中之重。

四、小学教育特色专业建设的实践探索

小学教育专业办学历史虽短，但已经形成了自己鲜明的专业特色。我们始终坚持实践取向的职前教师培养理念，科学定位其培养目标、培养规格、培养方案、课程体系、课程方案，把实践教学内容课程化，目的是重点培养学生的实践与创新能力。

1. 目标特色

本专业以主动适应社会需求为导向，认真研究高素质小学教师应具备的知识和能力结构，科学定位小学教育专业的培养目标，从学生的未来发展出发，以培养学生教育、教学能力和综合素质为主线，分析学生的知识、能力和素质结构，明确培养目标，制定合理的人才培养方案，建立与专业培养目标相适应的课程体系，构建与专业培养目标相适应的理论教学体系实践教学体系，合理地设置本专业的通识类课、专业基础课、专业技能课，重视实践环节，加强实习基地建设和专业实验室建设，充分体现小学教育专业的办学特色，改革教学方法，提高培养质量，经过四至

五年建设将小学教育专业建设成国内同类院校中一流的教师教育专业，并培养极具专业能力的复合型小学教师。

根据新世纪小学教育对教师的素质要求和通过对小学教师现有素质状况的调查研究，我们认为本科小学教育专业的培养目标应体现出以下特点：第一，大学本科层次的一般素养。即掌握较宽泛的自然科学知识和社会科学知识；第二，大学本科层次的教育专业素养。即具有新的教育理念，掌握教育教学规律，具有较强的从教技能和一定的教育科研能力；第三，大学本科层次的学科专业素养。即能在"文理兼通"的基础上对所教学科有更深入的把握。

为此，我们确立了如下培养目标：培养德、智、体、美诸方面全面发展，学有专长，具备小学教育专业知识，胜任小学教育教学工作，具有现代教育理念并能从事教育科研的小学教育工作者。

2. 课程特色

小学教育专业教学改革的一切工作都始终围绕着促进学生的全面发展及个性的生动活泼来展开，在专业建设方面努力建设有独创精神的小学教育专业跨学科复合型师资培养模式。

高师院校长期以来以培养中学教师为主要任务，侧重于"分科培养"的模式，中师和师专培养的小学教师则不分专业、不分学科，侧重于"综合培养"的模式。前者培养的学生学科基础知识扎实，从事专业课程教学和教育科研能力较强，发展后劲较足，但学生的知识结构比较单一，难以适应小学多学科教学的实际需要；后者培养的学生知识面较宽，技能训练扎实，动手能力较强，但知识底蕴尚嫌不足，教育科研能力和自我发展的后劲较弱。我们在发挥原有中师和大专教育中"综合培养"优势的前提下，结合多年来培养小学教师的实践，对现行高师"分科"教育模式加以优化，确立适应培养本科学历小学教师需要的"综合培养、学有专长"的培养模式。

所谓"综合培养"，是指学生素质的全面提高和大学科学文化知识掌握程度的综合体现。这种综合性正是这一专业的本科程度区别于高师其他各专业的"个性"所在。它要求学生知识面宽泛一些，各科基础知识都扎实一点，特别是在中文、数学、教育三科上都打下比较厚实的基础，在艺术修养、人文修养、科学素养方面都有所训练，从而能适应新世纪小学教育对高素质教师的迫切要求。

所谓"学有专长"，是在"综合培养"的基础上，通过分学科方向设课，使学生专长一门课程教学。目前，我们设置了综合文科、综合理科和英语三个方向，让学生在这三个学科方向适当加深和拓宽知识，使之系统化，为其将来在小学教育工作中成为该学科的学术带头人打下坚实基础。

在上述培养模式基础上，构建了"三性一体"的课程体系，小学教育专业课程设置在内容结构上由体现高等教育共性、高师教育个性和小学教育特性的三大类课程的四大课程平台组成；在课程形式上由必修课、选修课、活动类课、实践类课和专题性讲座等相结合；在课时结构上基本体现为各类课程比较合理的课时比例；在课程教学模式上理论教学、技能训练、教育实践和教育科研有机结合，做到"理论—实践—研究"紧密结合。

3. 教材特色

已出版主编、副主编、参编大学本科小学教育专业系列教材 15 部（人民教育出版社出版、教育部推荐教材），其中吉林师范大学主编的《数学思维方法》（小学教育专业理科教材）被遴选为国家"十一五"精品教材；出版主编、副主编、参编高等院校小学教育专业教材 7 部（人民教育出版社出版、教育部推荐教材）。这两套教材是小学教育专业建设多年理论研究与实践探索的结晶，教材从内容到体系，既体现了大学本科的质量标准，又符合小学教育教学实际需要，从而结束了长期以来我们本科小学教育专业使用代用教材的历史，现被全国 40 余所高校选用。主编或参编东北师大出版社、吉林人民出版社、吉林教育出版社出版的教材 10 部。

4. 项目特色

多年来我们紧紧围绕小学教育专业建设进行科研、教改立项，承担小学教育专业建设的研究课题层次高、数量多、完成好，我们主持承担了全国教育科学"九五""十一五"规划项目 2 项，吉林省教育科学"九五""十五""十一五"规划重点课题、吉林省高等教育教学研究立项重点课题 8 项，校级教育教学改革研究课多项。其中，"培养小学教师大专学历层次的办学模式及其对策研究""高师小学教育本科专业建设的实践研究""小学教育专业的研究与实践""小学教育专业建设与小学教育改革协调发展研究与实践""高学历小学英语教师培养研究与实践"等多项课题均已结项。

5. 实践教学特色

（1）校内训练。

一年级的学生主要学习掌握最基本的技能。最基本的三字一话技能，为以后从事教师教育职业奠定良好的基础。大学二年级的学生主要针对专项进行微格训练，一次提高专项技能，同时把大一学到的技能应用到实践领域。大学三年级的学生采用全年教育见习的方式，让学生深入到中小学校，通过听课，跟随教师进行学习相应的教育教学技能，熟悉学校的基本活动规程。大学四年级根据学校的具体安排，进行教育实习工作。这样学生整个的教育实践形成一个序列，保证学生教育实践技能有效地发展。此外,我们也通过学院课堂教学大赛等系列活动提高学生的教学基本技能。

(2)大学与中小学合作。

一是建立教育实践基地。教育实践基地建设一直是教学实践的重要一环。然而,如何把教育实践基地建设落到实处,真正发挥教育基地的作用,是值得我们商榷的问题。以往,实习基地也发挥作用,但是根本的问题在于:没有固定的形式,没有协议,没有挂牌。这些严重制约了实习基地建设。正是由于缺少上述环节,大学与中小学之间合作名不正,言不顺,缺乏相应的政策约束。基于上述考虑,我们与学校协商,首先把实习基地建设落到实处,采取必要的措施,让学校从中受益,然后再开展合作。经过多方面的努力,我们已经建立了6个实习基地,相关的协议签署工作以及相关的挂牌工作正在进行。建立实践基地,不仅保证学生有"法定"的实践场所,同时也调动了中小学的积极性。

二是进行学术交流活动。在教育实践活动过程中,我们以往的想法是送出去。送学生出去能使学生有很多锻炼的机会,其最大的缺点,大学与中小学形成双赢的机会不等。大学在其中受益颇多,中小学缺乏相应的回报。因此我们采用送出去与请进来相互结合的形式。送出去是把我们的学生送到中小学中去接触实践,请进来是把中小学一线教师请进我们的课堂。这些中小学教师具有丰富的教学经验,学生缺少的正是这些经验,请进来为他们搭建了一个展现自我的平台。学生学到了丰富的知识,教师也展现了自己的才干。从2008年10月份开始,我们把四平市四所小学15名教师请到学院,进行了长达一个月学术交流活动,学术交流的效果已经初步呈现,学生反映强烈。

6. 职业技能培养特色

所谓的教师职业技能包括基本技能(五能、三字、一话)和专业技能(专业素质、实验演示技能,教具制作技能)。针对基本技能和专业技能,我们采取三笔字练习(如坚持4年的小黑板粉笔字练习)、课前演讲、晨读、语音角等生动活泼的形式,增加学生的训练机会。同时举办教师基本功大赛、演讲比赛、书法竞赛、写作比赛、课件大赛、儿童故事比赛等形式,激发学生练习基本功的热情,同时也给学生提供交流和相互学习的平台。

7. 为基础教育服务特色

强化为基础教育服务的办学特色,继续坚持"全面面向基础教育,全方位为基础教育服务"的方针,小学教育专业的教学,要进一步强化现代小学教师专业能力发展与专业训练,注意培养学生及时把握国家基础教育课程改革精神和课程标准,为基础教育战线培养优秀的小学教师。学科建设和科学研究要突出国家关注的

"中国基础教育重大问题"和农村基础教育发展的热点、难点和前瞻性问题研究，利用高师院校，优质资源对小学教师开展多种形式培训，为其业务提高提供服务。几年来，小学教育专业培养的毕业生88%工作在基础教育第一线，爱岗敬业，其中38%的毕业生获得了各种奖励，受到了用人单位的一致好评，为基础教育的改革和发展做出了杰出贡献。

参考文献

[1] 纪国和. 教育学原理 [M]. 长春：东北师范大学出版社，2014 (10).

[2] 陶行知. 陶行知教育文集——教学做合一 [M]. 苏州：江苏教育出版社，1997.

[3] [英] 阿尔弗雷德·诺斯·怀特海著，庄莲平，王立中译. 教育的目的 [M]. 上海：文汇出版社，2013.

[4] 石中英. 准备成为一名卓越的教师 [J]. 中国教师，2008 (12).

[5] 教育部. 教育部关于全面提高高等教育质量的若干意见 [Z]. 教高 [2012] 4 号，2012.

[6] 教育部. 关于实施卓越教师培养计划的意见 [Z].2014.

[7] 李国庆，赵国全. 西方教师职业道德发展研究及借鉴 [J]. 高校教育管理，2011 (9).

[8] 高闰青. 积极探索"全程"培养模式 着力提升学生职业技能 [J]. 中国高等教育，2013 (19).

[9] 纪国和. 教育原理 [M]. 北京：人民教育出版社，2014.

[10] 李吉林. 情境教育的独特优势及其建构 [J]. 教育研究，2009 (3).

[11] 李吉林. 情境教育的基本原理 [J]. 教育研究，2011 (7).

[12] 吴康宁. 李吉林教育思想基本特征与情境教育研究拓展空间 [J]. 课程·教材·教法，2009 (6).

[13] 朱小蔓. 关注心灵成长的教育道德与情感教育的哲思 [M]. 北京：北京师范大学出版社，2012.

[14] 张奕. 以德施教 以德立身——基于卓越教师培养的思考 [J]. 北京教育·德育，2014 (12).

[15] 龚兵，王丛丛. 卓越教师之谜——聚焦"美国国家年度教师" [J]. 中国教育学刊，2015 (4).

[16] 李吉林. 情境教学实验与研究 [M]. 北京：人民教育出版社，2007.

[17] 谢桂新. 学校道德教育中陶冶模式探究 [D]. 长春：东北师范大学，2005.

[18] 张其志. 关于陶冶教育的思考 [J]. 教学与管理, 2001 (4).

[19] 高闰青. 卓越教师"三位一体"协同培养模式的实践探索 [J]. 课程·教材·教法, 2015 (7).

[20] 黄济. 教育哲学通论 [M]. 太原: 山西教育出版社, 2008.

[21] 石中英. 教育哲学导论 [M]. 北京: 北京师范大学出版社, 2004.

[22] 苏霍姆林斯基著, 杜殿坤译. 给教师的建议 [M]. 北京: 教育科学出版社, 2014.

[23] 科尔伯格著, 魏贤超, 柯森译. 道德教育的哲学 [M]. 杭州: 浙江教育出版社, 2000.

[24] 袁桂林. 当代西方道德教育理论 [M]. 福州: 福建教育出版社, 1995.

[25] 朱小蔓. 教育职场: 教师的道德成长 [M]. 北京: 教育科学出版社, 2004.

[26] 房敏. 教师教育中师德教育时效性低下的理性分析与对策探讨 [D]. 长春: 东北师范大学, 2006.

[27] 檀传宝. 教师伦理学专题——教育伦理范畴研究 [M]. 北京: 北京师范大学出版社, 2003.

[28] 林崇德. 师德通览 [M]. 济南: 山东教育出版社, 2000.

[29] 吕耀怀. 道德建设: 从制度伦理、伦理制度到德性伦理 [J]. 学习与探索, 2000 (1).

[30] 张英涛. 师德评价对教师职业道德建设的影响 [J]. 学术交流, 2001 (3).

[31] [英] 阿尔弗雷德·诺斯·怀特海著, 李步楼译. 过程与实在 [M]. 北京: 商务印书馆, 2011.

[32] 林崇德. 师魂——教师大计 师德为本 [M]. 北京: 高等教育出版社, 2015.

[33] [美] 马修·桑格, 理查德·奥斯古索普著, 刘玉琼译. 师德教育培训手册 [M]. 北京: 中国青年出版社, 2015.

[34] 贾会彦, 高佳. 高效师德培养艺术实践 [M]. 苏州: 江苏美术出版社, 2011.

[35] 袁静, 吴钒珲. 美国范德堡大学小学教育专业的特点与启示 [J]. 世界教育信息, 2012 (8): 52-55.

[36] 彭苏三. 美国波士顿学院小学教育专业培养方案解析 [J]. 世界教育信息, 2012 (8): 47-51.

[37] 沈琪芳, 王志林. 对高师院校小学教育专业师资建设的思考 [J]. 湖州师范学院学报, 2003 (2): 96-99.

[38] 钟勇为,程思慧,蔡朝辉. 卓越教师培养背景下专业课程设置调查与建议[J]. 高校教育管理,2016(1):26-31.

[39] 高有才. 全科型培养视角下小学教育本科专业课程设置的研究[J]. 教育探究,2013(12):19-21.

[40] 兰惠敏. 中外小学教育本科专业课程设置的比较与启示[J]. 外国中小学教育,2014(2):48-51.

附录

基础教育课程改革纲要（试行）

（2001年6月7日教育部印发　教基字〔2001〕17号）

改革开放以来，我国基础教育取得了辉煌成就，基础教育课程建设也取得了显著成绩。但是，我国基础教育总体水平还不高，原有的基础教育课程已不能完全适应时代发展的需要。为贯彻《中共中央国务院关于深化教育改革全面推进素质教育的决定》和《国务院关于基础教育改革与发展的决定》，教育部决定，大力推进基础教育课程改革，调整和改革基础教育的课程体系、结构、内容，构建符合素质教育要求的新的基础教育课程体系。新的课程体系涵盖幼儿教育、义务教育和普通高中教育。

一、课程改革的目标

1. 基础教育课程改革要以邓小平同志关于"教育要面向现代化，面向世界，面向未来"和江泽民同志"三个代表"的重要思想为指导，全面贯彻党的教育方针，全面推进素质教育。

新课程的培养目标应体现时代要求。要使学生具有爱国主义、集体主义精神，热爱社会主义，继承和发扬中华民族的优秀传统和革命传统；具有社会主义民主法制意识，遵守国家法律和社会公德；逐步形成正确的世界观、人生观、价值观；具有社会责任感，努力为人民服务；具有初步的创新精神、实践能力、科学和人文素养以及环境意识；具有适应终身学习的基础知识、基本技能和方法；具有健壮的体魄和良好的心理素质，养成健康的审美情趣和生活方式，成为有理想、有道德、有文化、有纪律的一代新人。

2. 基础教育课程改革的具体目标：改变课程过于注重知识传授的倾向，强调形成积极主动的学习态度，使获得基础知识与基本技能的过程同时成为学会学习和形成正确价值观的过程。

改变课程结构过于强调学科本位、科目过多和缺乏整合的现状，整体设置九年一贯的课程门类和课时比例，并设置综合课程，以适应不同地区和学生发展的需求，体现课程结构的均衡性、综合性和选择性。

改变课程内容"难、繁、偏、旧"和过于注重书本知识的现状，加强课程内容与学生生活以及现代社会和科技发展的联系，关注学生的学习兴趣和经验，精选终身学习必备的基础知识和技能。

附录　基础教育课程改革纲要（试行）

改变课程实施过于强调接受学习、死记硬背、机械训练的现状，倡导学生主动参与、乐于探究、勤于动手，培养学生搜集和处理信息的能力、获取新知识的能力、分析和解决问题的能力以及交流与合作的能力。

改变课程评价过分强调甄别与选拔的功能，发挥评价促进学生发展、教师提高和改进教学实践的功能。

改变课程管理过于集中的状况，实行国家、地方、学校三级课程管理，增强课程对地方、学校及学生的适应性。

二、课程结构

3. 整体设置九年一贯的义务教育课程。小学阶段以综合课程为主。小学低年级开设品德与生活、语文、数学、体育、艺术（或音乐、美术）等课程；小学中高年级开设品德与社会、语文、数学、科学、外语、综合实践活动、体育、艺术（或音乐、美术）等课程。

初中阶段设置分科与综合相结合的课程，主要包括思想品德、语文、数学、外语、科学（或物理、化学、生物）、历史与社会（或历史、地理）、体育与健康、艺术（或音乐、美术）以及综合实践活动。积极倡导各地选择综合课程。学校应努力创造条件开设选修课程。在义务教育阶段的语文、艺术、美术课中要加强写字教学。

4. 高中以分科课程为主。为使学生在普遍达到基本要求的前提下实现有个性的发展，课程标准应有不同水平的要求，在开设必修课的同时，设置丰富多样的选修课程，开设技术类课程。积极试行学分制管理。

5. 从小学至高中设置综合实践活动并作为必修课程，其内容主要包括：信息技术教育、研究性学习、社区服务与社会实践以及劳动与技术教育。强调学生通过实践，增强探究和创新意识，学习科学研究的方法，发展综合运用知识的能力。增进学校与社会的密切联系，培养学生的社会责任感。在课程的实施过程中，加强信息技术教育，培养学生利用信息技术的意识和能力。了解必要的通用技术和职业分工，形成初步技术能力。

6. 农村中学课程要为当地社会经济发展服务，在达到国家课程基本要求的同时，可根据现代农业发展和农村产业结构的调整因地制宜地设置符合当地需要的课程，深化"农科教相结合"和"三教统筹"等项改革，试行通过"绿色证书"教育及其他技术培训获得"双证"的做法。城市普通中学也要逐步开设职业技术课程。

三、课程标准

7. 国家课程标准是教材编写、教学、评估和考试命题的依据，是国家管理和评价课程的基础。应体现国家对不同阶段的学生在知识与技能、过程与方法、情感态度与价值观等方面的基本要求，规定各门课程的性质、目标、内容框架，提出教学和评价建议。

8. 制定国家课程标准要依据各门课程的特点，结合具体内容，加强德育工作的针对性、实效性和主动性，对学生进行爱国主义、集体主义和社会主义教育，加强中华民族优良传统、革命传统教育和国防教育，加强思想品质和道德教育，引导学生树立正确的世界观、人生观和价值观；要倡导科学精神、科学态度和科学方法，引导学生创新与实践。

9. 幼儿园教育要依据幼儿身心发展的特点和教育规律，坚持保教结合和以游戏为基本活动的原则，与家庭和社区密切配合，培养幼儿良好的行为习惯，保护和启发幼儿的好奇心和求知欲，促进幼儿身心全面和谐发展。义务教育课程标准应适应普及义务教育的要求，让绝大多数学生经过努力都能够达到，体现国家对公民素质的基本要求，着眼于培养学生终身学习的愿望和能力。普通高中课程标准应在坚持使学生普遍达到基本要求的前提下，有一定的层次性和选择性，并开设选修课程，以利于学生获得更多的选择和发展的机会，为培养学生的生存能力、实践能力和创造能力打下良好的基础。

四、教学过程

10. 教师在教学过程中应与学生积极互动、共同发展，要处理好传授知识与培养能力的关系，注重培养学生的独立性和自主性，引导学生质疑、调查、探究，在实践中学习，促进学生在教师指导下主动地、富有个性地学习。教师应尊重学生的人格，关注个体差异，满足不同学生的学习需要，创设能引导学生主动参与的教育环境，激发学生的学习积极性，培养学生掌握和运用知识的态度和能力，使每个学生都能得到充分的发展。

11. 大力推进信息技术在教学过程中的普遍应用，促进信息技术与学科课程的整合，逐步实现教学内容的呈现方式、学生的学习方式、教师的教学方式和师生互动方式的变革，充分发挥信息技术的优势，为学生的学习和发展提供丰富多彩的教育环境和有力的学习工具。

五、教材开发与管理

12. 教材改革应有利于引导学生利用已有的知识与经验，主动探索知识的发生与发展，同时也应有利于教师创造性地进行教学。教材内容的选择应符合课程标准的要求，体现学生身心发展特点，反映社会、政治、经济、科技的发展需求；教材内容的组织应多样、生动，有利于学生探究，并提出观察、实验、操作、调查、讨论的建议。

积极开发并合理利用校内外各种课程资源。学校应充分发挥图书馆、实验室、专用教室及各类教学设施和实践基地的作用;广泛利用校外的图书馆、博物馆、展览馆、科技馆、工厂、农村、部队和科研院所等各种社会资源以及丰富的自然资源;积极利用并开发信息化课程资源。

13. 完善基础教育教材管理制度,实现教材的高质量与多样化。

实行国家基本要求指导下的教材多样化政策,鼓励有关机构、出版部门等依据国家课程标准组织编写中小学教材。建立教材编写的核准制度,教材编写者应根据教育部《关于中小学教材编写审定管理暂行办法》,向教育部申报,经资格核准通过后,方可编写。完善教材审查制度,除经教育部授权省级教材审查委员会外,按照国家课程标准编写的教材及跨省使用的地方课程的教材须经全国中小学教材审查委员会审查;地方教材须经省级教材审查委员会审查。教材审查实行编审分离。

改革中小学教材指定出版的方式和单一渠道发行的体制,严格遵循中小学教材版式的国家标准。教材的出版和发行试行公开竞标,国家免费提供的经济适用型教材实行政府采购,保证教材质量,降低价格。

加强对教材使用的管理。教育行政部门定期向学校和社会公布经审查通过的中小学教材目录,并逐步建立教材评价制度和在教育行政部门及专家指导下的教材选用制度。改革用行政手段指定使用教材的做法,严禁以不正当竞争手段推销教材。

六、课程评价

14. 建立促进学生全面发展的评价体系。评价不仅要关注学生的学业成绩,而且要发现和发展学生多方面的潜能,了解学生发展中的需求,帮助学生认识自我,建立自信。发挥评价的教育功能,促进学生在原有水平上的发展。

建立促进教师不断提高的评价体系。强调教师对自己教学行为的分析与反思,建立以教师自评为主,校长、教师、学生、家长共同参与的评价制度,使教师从多种渠道获得信息,不断提高教学水平。

建立促进课程不断发展的评价体系。周期性地对学校课程执行的情况、课程实施中的问题进行分析评估,调整课程内容、改进教学管理,形成课程不断革新的机制。

15. 继续改革和完善考试制度。

在已经普及九年义务教育的地区,实行小学毕业生免试就近升学的办法。鼓励各地中小学自行组织毕业考试。完善初中升高中的考试管理制度,考试内容应加强与社会实际和学生生活经验的联系,重视考查学生分析问题、解决问题的能力,部分学科可实行开卷考试。高中毕业会考改革方案由省级教育行政部门制定,继续实行会考的地方应突出水平考试的性质,减轻学生考试的负担。

高等学校招生考试制度改革,应与基础教育课程改革相衔接。要按照有助于高等学校选拔人才、有助于中学实施素质教育、有助于扩大高等学校办学自主权的原则，加强对学生能力和素质的考查，改革高等学校招生考试内容，探索提供多次机会、双向选择、综合评价的考试、选拔方式。

考试命题要依据课程标准，杜绝设置偏题、怪题的现象。教师应对每位学生的考试情况做出具体的分析指导，不得公布学生考试成绩并按考试成绩排列名次。

七、课程管理

16. 为保障和促进课程适应不同地区、学校、学生的要求，实行国家、地方和学校三级课程管理。

教育部总体规划基础教育课程，制订基础教育课程管理政策，确定国家课程门类和课时。制订国家课程标准，积极试行新的课程评价制度。

省级教育行政部门依据国家课程管理政策和本地实际情况，制订本省（自治区、直辖市）实施国家课程的计划，规划地方课程，报教育部备案并组织实施。经教育部批准，省级教育行政部门可单独制订本省（自治区、直辖市）范围内使用的课程计划和课程标准。

学校在执行国家课程和地方课程的同时，应视当地社会、经济发展的具体情况，结合本校的传统和优势、学生的兴趣和需要，开发或选用适合本校的课程。各级教育行政部门要对课程的实施和开发进行指导和监督，学校有权力和责任反映在实施国家课程和地方课程中所遇到的问题。

八、教师的培养和培训

17. 师范院校和其他承担基础教育师资培养和培训任务的高等学校和培训机构应根据基础教育课程改革的目标与内容，调整培养目标、专业设置、课程结构，改革教学方法。中小学教师继续教育应以基础教育课程改革为核心内容。

地方教育行政部门应制定有效、持续的师资培训计划，教师进修培训机构要以实施新课程所必需的培训为主要任务，确保培训工作与新一轮课程改革的推进同步进行。

九、课程改革的组织与实施

18. 教育部领导并统筹管理全国基础教育课程改革工作；省级教育行政部门领导并规划本省（自治区、直辖市）的基础教育课程改革工作。

19. 基础教育课程改革是一项系统工程。应始终贯彻"先立后破，先实验后推广"的工作方针。各省（自治区、直辖市）都应建立课程改革实验区，实验区应分层推进，发挥示范、培训和指导的作用，加快实验区的滚动发展，为过渡到新课程做好准备。

附录 基础教育课程改革纲要（试行）

　　基础教育课程改革必须坚持民主参与、科学决策的原则，积极鼓励高等学校、科研院所的专家、学者和中小学教师投身中小学课程教材改革；支持部分师范大学成立"基础教育课程研究中心"，开展中小学课程改革的研究工作，并积极参与基础教育课程改革实践；在教育行政部门的领导下，各中小学教研机构要把基础教育课程改革作为中心工作，充分发挥教学研究、指导和服务等作用，并与基础教育课程研究中心建立联系，发挥各自的优势，共同推进基础教育课程改革；建立教育部门、家长以及社会各界有效参与课程建设和学校管理的制度；积极发挥新闻媒体的作用，引导社会各界深入讨论、关心并支持课程改革。

　　20. 建立课程教材持续发展的保障机制。各级教育行政部门应设立基础教育课程改革的专项经费。

　　为使新课程体系在实验区顺利推进，教育部在高考、中考、课程设置等方面对实验区给予政策支持。对参加基础教育课程改革的单位、集体、个人所取得的优秀成果，予以奖励。